Toby Meadows

Créer et lancer sa MARQUE DE MODE

Nouvelle édition

PYRAMYD

Table des matières

Note de l'auteur

On le sait, l'univers de la mode évolue à un rythme effréné : les styles, formes, couleurs, designers et musts sont sans cesse renouvelés. Le jeune créateur évolue dans un monde très exigeant et en constante transformation, réalité qui justifie à elle seule la révision de la première édition de ce livre. Ajoutons à cela la crise financière mondiale, l'élévation drastique du coût des matières premières, la prise de conscience des questions écologiques et l'engouement pour les produits durables, la révolution des réseaux sociaux et l'intérêt nettement plus fort pour la mode dans les économies émergentes, et l'on comprend aisément pourquoi j'ai décidé d'augmenter et d'actualiser la première édition.

Dans cette deuxième édition, le chapitre dédié à la vente sur Internet a été complété et actualisé ; cette édition compte également un nouveau chapitre sur les réseaux sociaux, nourri par mes échanges avec des spécialistes. J'ai développé la question de la mode éthique et ajouté une étude ce cas, consacrée à Christopher Raeburn, figure montante de ce secteur. Quatre autres études de cas inédites ont été ajoutées, dédiées au prêt-à-porter homme et enfant, aux marchés émergents et à une toute nouvelle créatrice au talent certain, Yasmin Kianfar, qui a créé sa marque de mode à sa sortie de l'université. Je suis heureux de pouvoir dire que la première édition de cet ouvrage l'a accompagnée dans ses démarches. Dans l'ensemble, j'ai développé et mis à jour le texte lorsque cela s'imposait.

Ces dernières années et encore aujourd'hui, la crise économique mondiale n'a cessé de mettre à l'épreuve beaucoup de marques de mode. Mais je suis convaincu que cette période est également une formidable chance ; avec le bon produit, les bons canaux de distribution, une bonne perception du client cible et quelques idées innovantes, tout est encore possible. Continuez de rêver en grand !

EYEWEAR
CHANEL
PROTECTION
Ray-Ban
UV400
PROTECTION
CHANEL
Ray-Ban
Ray-Ban

Introduction : Trouver sa voie

Pour réussir dans la création de sa marque de mode, la créativité ne suffit pas, loin s'en faut. C'est le sens des affaires qui fera la différence. La plupart des sociétés de mode sont montées et gérées par les stylistes eux-mêmes. Ce qui leur fait parfois défaut à ce moment déterminant de leur carrière, ce n'est pas le talent créatif, mais plutôt une expérience suffisante et une bonne connaissance du marché et de la gestion d'une entreprise. On voit ainsi chaque année des milliers de jeunes stylistes talentueux échouer dans leur tentative de création d'entreprise.

L'objectif de cet ouvrage est de combler le fossé entre la création en tant que telle et les aspects liés au montage et à la gestion d'une marque ou d'une entreprise. Il offre un panorama complet des détails pratiques à prendre en compte pour la création et la gestion d'une société. Il vous aidera à trouver les clés pour vous distinguer dans un marché ultra-compétitif et très exigeant. Les premières années de la création d'une marque sont délicates et ce livre vous guidera à toutes les étapes de cette entreprise.

La consultation régulière de cet ouvrage, enrichi d'exemples et de conseils, vous apportera les bases nécessaires pour comprendre les étapes de la constitution d'une marque de vêtements. Vous serez ainsi mieux armé pour relever les défis qui se poseront au cours de votre carrière. Ce livre vous fournira aussi les outils dont vous avez besoin pour donner forme et contenu à vos idées. Enfin, il vous aidera à faire les bons choix pour mettre en œuvre et développer votre propre marque.

Lunettes de soleil en vente à Mexico.

Chapitre 1 : Introduction à l’industrie de la mode

Pour assurer la réussite de votre produit et de votre projet, il est essentiel d'avoir une idée précise de l'industrie de la mode ainsi que du secteur où se positionnera votre marque : n'hésitez pas à mener les recherches qui s'imposent (voir chapitre 7). Dans un premier temps, étudiez le potentiel de votre produit et comment le présenter aux acheteurs, aux journalistes et aux consommateurs. Ce chapitre aborde les trois segments clés du marché – la haute couture, le prêt-à-porter, la grande distribution – et évoque l'intérêt grandissant pour la mode éthique. Il passe également en revue les différentes catégories de la création de mode ainsi que les calendriers et les saisons, avant d'aborder la chaîne logistique.

Les segments du marché

Avant de vous lancer, vous devez avoir une idée précise de la gamme de produits que vous souhaitez commercialiser. Certaines prises de décision dans la manière de gérer une entreprise sont fonction des attentes de vos clients et déterminent la stratégie de votre marque. Les trois principaux segments du marché sont la haute couture, le prêt-à-porter et la grande distribution ; ces deux derniers marchés se subdivisent en plusieurs sous-catégories avec une gamme de prix et de produits très variable.

La haute couture

Le terme de « haute couture » désigne des pièces uniques, luxueuses, aux finitions très élaborées. Issue des premières maisons de couture établies à Paris à la fin du XIXe siècle, la haute couture demeure l'avant-garde de la mode et s'adresse à la poignée de clientes qui peuvent s'offrir des créations d'exception, réalisées sur mesure. Les défilés parisiens de haute couture sont l'occasion pour les stylistes de montrer au public les nouvelles collections et toute l'étendue de leur créativité.

En France, la haute couture est une appellation protégée dont ne peuvent se prévaloir que les couturiers qui répondent aux critères définis par la Chambre syndicale de la Couture. On emploie aussi le terme « sur mesure » pour désigner des vêtements créés pour un client spécifique, mais cela concerne surtout la mode masculine. Pour ajouter encore à cette confusion terminologique, beaucoup de stylistes disent créer des modèles « couture » ou « haute couture », alors qu'ils ne font pas à proprement parler partie des maisons de haute couture.

Collection automne / hiver 2011 de Bora Aksu, présentée à la Fashion Week de Londres.

Le prêt-à-porter

Le prêt-à-porter est devenu une alternative à la haute couture dans les années 1960, quand les maisons de couture se sont mises à proposer une gamme de modèles en tailles standards directement commercialisés en magasin. En abandonnant la nécessité des longues séances d'essayage, le prêt-à-porter était beaucoup moins cher et, par conséquent, plus facilement accessible à un marché plus large. Aujourd'hui, la mode créateur existe en prêt-à-porter. Si les défilés de haute couture sont encore présentés deux fois par an à Paris, le prêt-à-porter est montré dans le monde entier à l'occasion des Semaines des défilés (aussi appelées Semaines de la mode ou Fashion Weeks) qui sont organisées dans les grandes villes du monde, notamment à New York, à Londres, à Paris et à Milan. Aujourd'hui, le prêt-à-porter se situe entre la haute couture et la grande distribution. Même si le vêtement n'est pas conçu pour un individu unique, un grand soin est apporté au modèle et aux finitions, et il est produit en nombre limité, ce qui donne au vêtement un parfum d'exclusivité et justifie un prix élevé.

Les marques de prêt-à-porter de grande distribution développent également des lignes *bis* à des prix plus abordables. C'est le cas par exemple de Marc by Marc Jacobs et de See by Chloé. La création d'une ligne distincte permet aux créateurs de toucher une clientèle plus large sans pour autant modifier l'image et l'identité de la ligne principale.

Les marques de prêt-à-porter vendent leurs produits dans des boutiques et des grands magasins après avoir présenté leurs collections lors des Semaines des défilés, deux fois par an. En règle générale, les collections sont conçues douze mois à l'avance. Elles sont présentées à des salons professionnels, où les boutiques et les magasins viennent choisir leurs modèles et passer leurs commandes. Ensuite, elles partent à la confection. Ce système permet de limiter la production des pièces en fonction du nombre de vêtements commandés de façon à minimiser le risque de surproduction ainsi que la mise de fonds initiale. Il arrive aussi que les créateurs choisissent d'ouvrir leur propre boutique, ce qui leur permet à la fois d'offrir toute leur gamme de produits directement au consommateur et d'optimiser leurs marges en faisant l'impasse sur les intermédiaires.

Calendrier des défilés (hémisphère nord)

Mois	Défilé	Saison
Janvier	Haute couture (Paris)	Printemps / été
Février / mars	Prêt-à-porter	Automne / hiver
Juillet	Haute couture (Paris)	Automne / hiver
Septembre / octobre	Prêt-à-porter	Printemps / été

Parmi les grandes marques internationales de prêt-à-porter, on peut citer Chloé, Gucci, Ralph Lauren et Burberry. Néanmoins, le prêt-à-porter est devenu un marché extrêmement diversifié qui se segmente en plusieurs gammes : haut de gamme, moyenne gamme, grande distribution, créateur, édition limitée. Pour chaque catégorie, les marques se distinguent par une ligne de produits, une politique de prix, une stratégie marketing et des débouchés différents.

La grande distribution

Aujourd'hui, la plupart des gens portent des vêtements de grande distribution, destinés à une clientèle encore plus large que celle du secteur du prêt-à-porter. Les vêtements sont produits en très grosse quantité et dans plusieurs tailles standards, ce qui les rend plus accessibles au consommateur moyen. Généralement, les créateurs s'approprient les tendances lancées par les grands noms de la mode et le haut de gamme du marché, et les adaptent avec des matériaux et des techniques de production plus économiques. Cependant, les stylistes des grandes enseignes ne peuvent pas se permettre de copier uniquement des créateurs de défilé et doivent se montrer réceptifs à d'autres sources d'inspiration.

La mode concernant la grande distribution est d'abord produite avant d'être commercialisée dans des magasins qui appartiennent généralement à la marque elle-même (Topshop, H&M, Zara, Gap, etc.). Mais ce mode de fonctionnement n'est pas sans risque, car il est difficile de prévoir avec exactitude si les articles se vendront bien. Cela dit, le système en circuit intégré – la création, la fabrication et la commercialisation en boutiques – leur permet d'obtenir des marges importantes et d'appliquer une politique de prix souple pour rester compétitifs.

L'émergence de salons comme Estethica lors de la Fashion Week de Londres témoigne de l'importance croissante de la mode écologique et éthique.

La ligne de votre produit s'inscrira dans l'un de ces trois marchés. Renseignez-vous sur les spécificités de chacun avant de démarrer votre activité. Ce premier travail de recherche vous permettra d'identifier un certain nombre de marchés secondaires et de niches (ou créneaux), comme la mode éthique, en pleine croissance et qui séduit aujourd'hui les marchés de grande distribution.

La mode éthique

L'industrie de la mode prend aujourd'hui conscience de l'importance de choisir des matériaux durables, d'adopter une conduite éthique en matière d'emploi et de pratiques de production. Ces impératifs expliquent la multiplication des sociétés de conseil spécialisées dans ces domaines. L'une d'elles, Ei8ht, travaille avec des entreprises, des universités, des agences gouvernementales et des parties prenantes du secteur ; elle se charge des formations, des stratégies d'approvisionnement en matériaux durables, de la création de programmes de développement commercial et de la gestion d'initiatives de produits innovants qui surmontent les défis de la chaîne logistique. Ei8ht a deux buts : optimiser l'impact positif et réduire l'impact négatif des entreprises, afin qu'elles puissent créer des initiatives qui délivrent directement un message au consommateur.

Entretien avec Claire Hamer, fondatrice d'Ei8ht (www.ei8ht.org)

Comment définissez-vous la mode éthique ?

C'est à mes yeux une mode qui s'attache à avoir un maximum d'impact positif et un minimum d'impact négatif sur la population et l'environnement où sont prélevés les matériaux. Nous n'avons pas besoin de mettre en place une industrie éthique de la mode, mais nous devons rendre cette dernière plus éthique. Ce concept possède tant de définitions différentes, nous devons raconter des parcours positifs et touchants qui, en fin de compte, aideront cette industrie à devenir plus éthique.

En quoi l'attitude de la mode vis-à-vis des pratiques éthiques a-t-elle évolué ces dix dernières années ?

Il y a dix ans, même si beaucoup d'entreprises venaient d'instaurer leur département de responsabilité sociale, il était rare qu'au service des achats, on prenne les pratiques éthiques au sérieux. C'est une chance que la technologie et les réseaux sociaux se soient développés parallèlement à la montée en puissance de ces questions et à l'émergence d'un nouveau secteur de l'industrie. Nous avons désormais les moyens, en tant que consommateurs, de diffuser plus rapidement l'histoire des marques ; l'industrie de la mode en profite pour exploiter des récits édifiants sur la mode confectionnée dans le respect des êtres humains et de la planète. Certes, la récession a rendu plus difficile pour la « mode éthique » d'être au niveau de ses concurrents, mais elle a aussi donné l'occasion aux plus grandes marques d'analyser en profondeur la raison qui pousse les clients à acheter leurs collections ; ils ont peu à peu compris qu'en mettant l'accent sur l'histoire de leurs produits, ils pouvaient accroître leur valeur et fidéliser des clients. Le choix sur le marché ne cesse d'augmenter en raison de la variété croissante des tissus et de l'intérêt renouvelé des consommateurs pour les savoir-faire et les pratiques transmises de génération en génération. Les médias ont davantage de matière à exploiter ; en conséquence, la mode réagit plus positivement aux pratiques éthiques.

En quoi le regard des clients a-t-il évolué ?

Les réseaux sociaux offrent désormais aux consommateurs une tribune qui leur permet de faire connaître leurs valeurs. Les questions « Qui fabrique les produits ? » et « Comment les fabriquent-ils ? » sont davantage au cœur des réflexions des consommateurs ; ces derniers n'ont pas encore suffisamment de choix, c'est tout. Il en existera toujours qui choisissent les premiers prix, mais pour qu'une industrie change d'orientation, il n'est pas nécessaire de rallier tous les clients à cette cause : quelques-uns suffisent !

Pourquoi pensez-vous que les nouvelles marques devraient réfléchir à la question des pratiques éthiques lorsqu'elles se lancent ?

Toute marque qui se lance aujourd'hui serait folle de ne pas s'y engager dès le début d'une manière ou d'une autre, car c'est l'orientation globale que prend l'industrie. Elles peuvent s'engager dans cette voie de tant de façons : produire localement, créer des partenariats avec de petits ateliers engagés dans le commerce équitable, rechercher des tissus ou des artisanats plus écologiques… Leur image de marque nouvelle exige d'elles de toujours avoir une longueur d'avance. Finalement, les marques de mode éthiques ont un objectif quadruple : le produit, les personnes, la planète et les profits.

La créatrice Nin Castle, fondatrice du label primé Goodone, utilise des matériaux recyclés pour fabriquer ses vêtements.

Nous sommes confrontés à tant de défis – les pénuries d'eau, par exemple – qu'il arrivera un jour où une collection conçue dans le respect des pratiques éthiques aura un coût moindre qu'une collection qui n'y attache pas d'importance. Les mesures fiscales et les politiques gouvernementales affecteront lourdement les coûts de nos décisions en matière d'achat.

Secteurs et catégories de produits

Il est conseillé de vous limiter à un seul domaine, surtout au début. En vous spécialisant dans un marché précis, vous donnerez plus de force au message que vous voulez communiquer à vos clients. La spécialisation est également un gage de qualité qui séduira plus facilement vos acheteurs, la presse et les consommateurs.

Comme certains produits sont saisonniers, vous devrez non seulement cibler des acheteurs et des journalistes différents, mais aussi contrôler la production de plusieurs fabricants. Une fois que vous aurez réussi à donner une identité forte à votre marque, vous pourrez envisager de diversifier votre offre et proposer d'autres produits, à condition que ceux-ci soient assortis à vos produits initiaux. Si vous décidez de vous spécialiser dans les tenues de gala, vous pourrez ainsi étendre votre offre à des chaussures, des sacs, ces bijoux et du parfum. Le tableau ci-dessous décrit les principaux secteurs dans lesquels les nouvelles marques choisissent souvent de se spécialiser.

Les secteurs de la mode et les catégories de produits

Catégorie	Caractéristiques	Marché
Mode femme (jour)	Pratique, confortable, à la mode	Haute couture, prêt-à-porter, grande distribution
Mode femme (soir)	Glamour, sophistiquée, adaptée à l'occasion	Haute couture, prêt-à-porter, grande distribution
Lingerie femme	Glamour, confortable, lavable en machine	Haute couture, prêt-à-porter, grande distribution
Mode homme (jour)	Décontractée, pratique, confortable	Sur mesure, prêt-à-porter, grande distribution
Mode homme (soir)	Raffinée, élégante, adaptée à l'occasion	Sur mesure, prêt-à-porter, grande distribution
Vêtements garçon	Pratiques, résistants, lavables en machine, bon marché	Prêt-à-porter, grande distribution
Vêtements fille	Attrayants, pratiques, lavables en machine, bon marché	Prêt-à-porter, grande distribution
Mode adolescents	Branchée, confortable, bon marché	Prêt-à-porter, grande distribution
Vêtements de sport	Confortables, pratiques, aérés, lavables en machine	Prêt-à-porter, grande distribution
Maille	Épaisseur de laine et coloris adaptés à la saison	Prêt-à-porter, grande distribution
Manteaux	Élégants, chauds, adaptés à la saison	Prêt-à-porter, grande distribution
Robes de mariée	Majestueuses, glamour, classiques	Haute couture, prêt-à-porter, grande distribution
Accessoires	Percutants, à la mode	Haute couture, prêt-à-porter, grande distribution

Source : *The Fashion Handbook*

Les marques Schumacher et Karen Walker (voir pages 98 et 152) ont démarré et se sont développées à partir d'une gamme très restreinte. Les acheteurs et les clients privilégient toujours la qualité par rapport à la quantité. Nous vous conseillons donc, du moins dans les premiers temps, de limiter votre offre à un nombre restreint de produits.

Une marque de grande distribution comme Burton s'inspire de modèles de grands couturiers et produit ses vêtements en série.

La créatrice Karen Walker ne faisait que des vêtements avant d'élargir sa gamme à d'autres produits, comme les lunettes de soleil et les bijoux.

Les saisons

Dans la mode, les saisons se définissent selon des critères météorologiques. Traditionnellement, les créateurs proposent des collections deux saisons par an : automne / hiver et printemps / été. En fonction de la saison, les tissus, les couleurs et les formes clés diffèrent, influencés par les conditions géographiques et climatiques. Il n'est pas rare que les créateurs bien établis ajoutent une ligne été et une collection pour les fêtes de fin d'année.

Dans la vente au détail, la saison se réfère davantage à une période de vente. Pour un responsable de magasin, la saison correspond surtout au cycle de vie d'un produit, proposé d'abord à son prix maximum avant d'être soldé. Si la demande pour un produit se maintient, il faudra assurer le « réassort », à savoir réapprovisionner son stock. En revanche, si un produit se vend mal, il devra être soldé pour être écoulé plus facilement.

Cycle annuel du renouvellement des collections pour un créateur (hémisphère nord)

Saison	Mois
Automne / hiver	Août à janvier
Ligne pour les fêtes (optionnelle)	Novembre
Printemps / été	Janvier à juillet
Ligne été (optionnelle)	Mai-juin

Cycle annuel du renouvellement des collections dans la « fast fashion » (hémisphère nord)

Saison	Mois
Début du printemps	Janvier-février
Printemps	Février-mars
Début de l'été	Avril-mai
Soldes d'été	Juin
Été	Juillet
Fin d'été	Juillet-août
Automne	Septembre-octobre
Ligne pour les fêtes	Novembre
Noël / début du printemps	Décembre
Soldes d'hiver	Décembre-janvier

Au milieu des années 1990, un nouveau modèle s'est imposé dans la manière dont les grandes enseignes présentent leurs collections aux consommateurs : la « fast fashion » (ou « mode à la minute »). Ce procédé consiste à dépasser la logique traditionnelle des deux saisons par an au profit d'un renouvellement plus fréquent des collections. La « fast fashion » permet ainsi aux grandes enseignes, telles H&M, Zara et Topshop, de proposer de nouvelles collections toutes les deux ou trois semaines, de suivre les tendances de très près, en

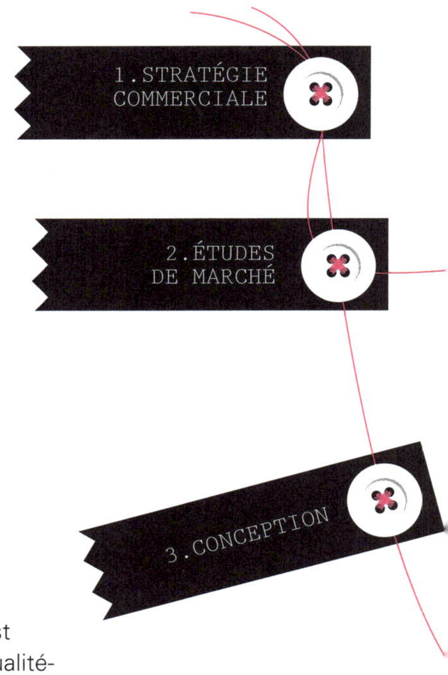

s'adaptant très rapidement aux évolutions du marché, et, surtout, de mieux contrôler la gestion de leurs stocks.

Il est certes encore trop tôt pour se prononcer sur les effets de la « fast fashion » dans le secteur du haut de gamme, mais on sait d'ores et déjà qu'elle a profondément modifié le comportement d'achat des consommateurs. Stylistes et designers misent aujourd'hui beaucoup sur les pré-collections en présentant de nouveaux produits en boutique quelques mois avant les grands défilés (voir chapitre 11). La « fast fashion » a également joué sur le rapport qualité-prix, car beaucoup d'enseignes peuvent proposer des articles tendance à des prix très compétitifs et à un niveau de qualité qui ne cesse de s'améliorer.

Pour réussir à suivre le rythme du nouveau calendrier imposé par la « fast fashion », vous devez mettre au point une chaîne logistique performante, à la fois pour que votre entreprise gagne en flexibilité et que vous puissiez proposer davantage de collections chaque année, même s'il y a de fortes chances pour que vous adoptiez, comme la plupart des petites marques, une stratégie commerciale de deux saisons par an.

La chaîne logistique

La « chaîne logistique » est le terme utilisé pour décrire le processus de planification, d'implémentation et de contrôle du flux et du stockage des produits, de leur conception à leur consommation, afin de répondre aux besoins des clients. Avec le développement de la « fast fashion » et de la délocalisation à l'étranger, son importance ne cesse de croître. Pour les enseignes de la grande distribution, elle est même décisive. Il est impératif d'apprendre à bien gérer la chaîne logistique pour optimiser sa marge commerciale et limiter les pertes. Les chaînes logistiques peuvent paraître très complexes, mais l'illustration ci-contre montre l'exemple classique d'une petite entreprise de vêtements qui vend ses produits deux fois dans l'année à des boutiques, à des magasins indépendants et à des chaînes de magasins.

Commencez par définir une stratégie commerciale pour l'entreprise en vous fixant des objectifs précis. Ce plan donne le cap de votre marque, et toutes les activités que vous entreprendrez devront en tenir compte. À partir de ce plan, réalisez des études de marché ciblées sur la clientèle et les produits. Les résultats vous permettront d'aborder la phase de conception de votre collection. De nombreux créateurs font coïncider l'étape de la fabrication du prototype et des têtes de série avec la phase d'élaboration du patron.

Une fois les prototypes réalisés, la période de la vente en gros peut débuter. Il vous faut ensuite attendre que les commandes soient passées pour lancer la production de vos modèles, qui seront par la suite distribués dans les magasins. Au moment de la phase de production, vous commencerez à développer un plan de communication et de marketing en vous assurant que vous avez suffisamment de presse pour convaincre votre cible. La période des ventes de détail commence avec la mise en place du produit en magasin, quand le consommateur a accès au produit final. On espère alors que le produit se vendra bien et que les magasins feront des bénéfices. Si le bilan des ventes est positif, vous serez probablement sollicité pour fournir d'autres modèles pour la saison suivante.

La lecture des chapitres suivants vous permettra d'avoir une perception plus claire des étapes de la chaîne logistique. Chaque phase est décrite et expliquée en détail.

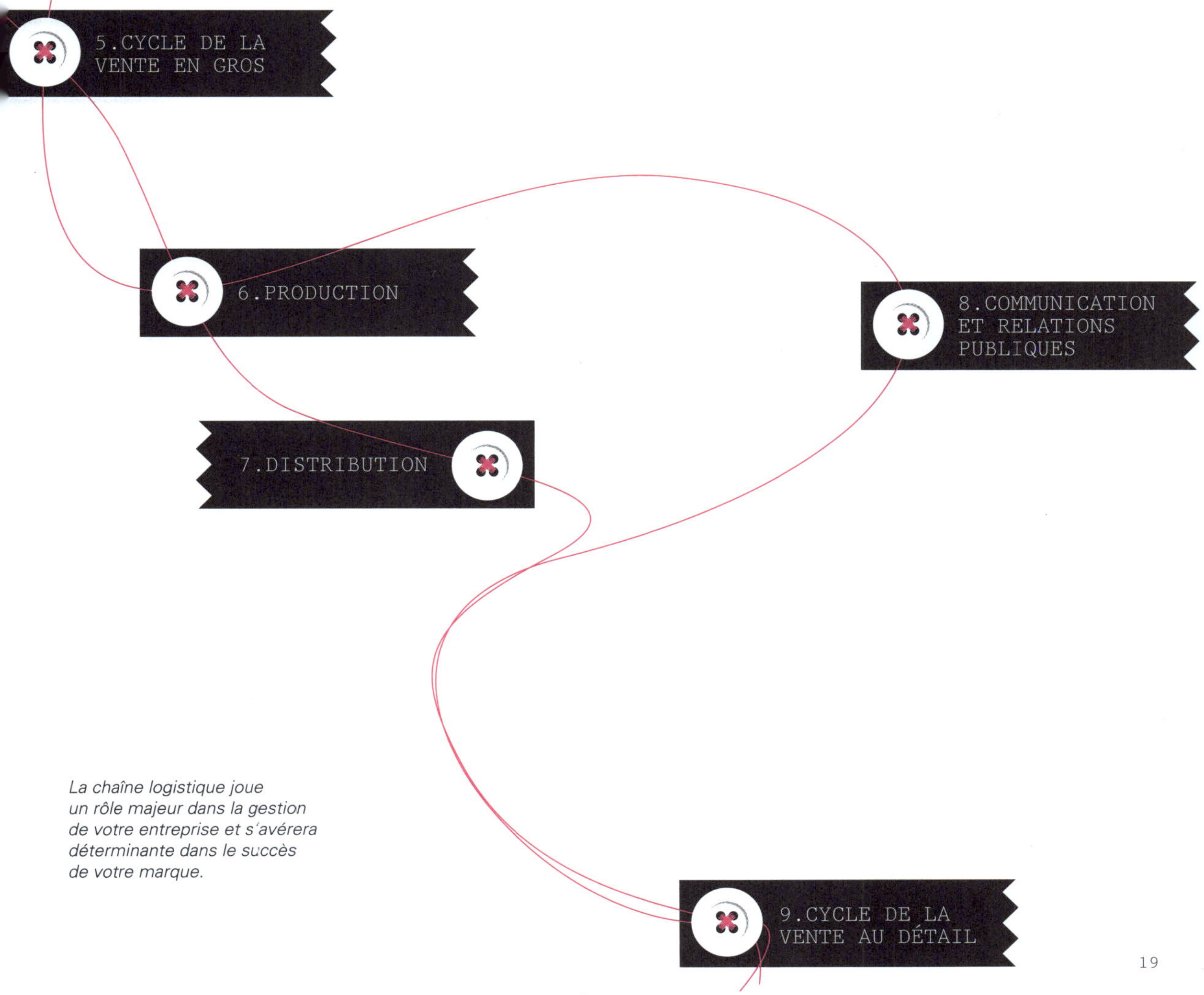

La chaîne logistique joue un rôle majeur dans la gestion de votre entreprise et s'avérera déterminante dans le succès de votre marque.

Étude de cas : Noir

Peter Ingwersen a créé Noir Illuminati II en février 2005, à l'âge de quarante et un ans. Après des études de stylisme au Danemark, son pays d'origine, Peter a fait ses classes en tant que directeur de collection chez Levi's, puis comme responsable de la célèbre marque danoise Day Birger et Mikkelsen. Finalement, il a abandonné la fonction assez confortable de développer les marques d'autrui pour réaliser son rêve : il a lancé une « marque de luxe sophistiquée, tendance et éthique pour les femmes âgées de plus de trente ans, ciblant les boutiques prestigieuses et les grands magasins du monde entier ». Dès sa première saison, Noir a été représenté chez Harvey Nichols, à Londres, chez Lane Crawford, à Hong Kong, et à Podium, à Moscou, ainsi que dans trente autres boutiques du monde entier. Trois ans plus tard, le nombre de magasins qui représentent sa griffe a presque doublé, à tel point que Peter envisage aujourd'hui d'ouvrir sa première boutique.

La vision que Peter se fait de sa marque vient de son désir « de montrer au monde que l'éthique et le style ne sont pas incompatibles ». Il souhaite que Noir soit « la première marque à faire de la responsabilité sociale quelque chose de sexy ». Peter a, en effet, observé un changement de comportement chez les consommateurs, qui se traduit par une demande croissante pour une mode plus sérieuse, « où on continue à souscrire aux principes de l'industrie, mais en y ajoutant une forme de préoccupation sociale dans toute la chaîne logistique ». Le résultat est la création de deux concepts complémentaires : Noir, une marque de luxe, et Illuminati II, une marque de tissu haut de gamme, qui fournit le coton pour Noir et d'autres marques de luxe, qui relèvent des principes du Pacte mondial des Nations unies (www.unglobalcompact.org/Languages/french/index.html) et de l'Organisation internationale du travail (www.ilo.org/global/lang--fr/index.htm). « L'idée d'Illuminati II est de produire un coton biologique fabriqué selon des principes équitables et de créer un modèle d'entreprise humain viable en Afrique. »

Peter fabrique le coton Illuminati II en Europe à partir de fibres cultivées en Ouganda. Le coût de fabrication est plus élevé que ceux pratiqués habituellement, mais cette attitude témoigne d'une volonté de faire revivre l'industrie dans la région et de créer une croissance économique viable. La Noir Foundation, que Peter a créée, reverse une partie de ses recettes à la prise en charge médicale et à des microcrédits. Peter est convaincu que « cela ne coûte pas plus cher de créer des vêtements qui soient à la fois beaux et éthiques ; cela demande plus de travail, c'est certain, et si on choisit d'adopter une attitude éthique, il faut adapter sa chaîne logistique en conséquence. Mais une chose est sûre, on ne peut pas convaincre les gens de se rallier à la cause éthique si on ne leur propose pas des vêtements branchés et sexy ».

La première collection de Noir, qui était composée de soixante modèles, a été intégralement financée par Peter. Ciblant le marché du luxe, les prix des vêtements ont été fixés en conséquence : tailleurs-pantalons à 1 150 €, chemises en coton à 230 €, chemisiers en soie à 390 € et robes à 850 €. Grâce au succès de cette première collection, Peter a pu convaincre des investisseurs de l'aider à développer son projet. Il est rentré dans ses fonds au bout de trois ans. Peter explique que « l'investissement est indispensable si l'on veut que son projet se développe à la hauteur de ses ambitions ». Si l'innovation et le style alternatif ne sont pas pour rien dans la réussite de Noir, il pense que les gens avec qui il travaille et sa volonté de marquer sa différence ont aussi joué un rôle très important. La stratégie et le positionnement, auxquels s'ajoutent un bon sens des affaires et une utilisation intelligente des réseaux, sont pour lui essentiels pour bien gérer une marque.

« Noir est une marque alternative et sophistiquée, qui incarne aussi une forme de responsabilité sociale. Ensuite, c'est aux médias de transmettre ce message au client final. » Pour mener ce projet à bien, Peter passe énormément de temps à la conception de la collection Noir, élabore des images de haute qualité, organise une présentation à la presse et crée une histoire. C'est ainsi que « Noir a pu décrocher un article de quatre pages dans *Harper's Bazaar* avant même que la collection soit commercialisée en magasin. Le soutien de la presse a tout de suite donné une crédibilité à la marque et a permis d'attirer les acheteurs ».

Noir propose des modèles haut de gamme intégrant une forme de responsabilité sociale.

Chapitre 2 : Se mettre à son compte

En quoi la perspective d'être son propre patron est-elle si séduisante ? Avant de commencer à investir de l'argent dans votre projet, comment vous assurer que vous avez mis toutes les chances de votre côté pour surmonter les éventuels obstacles qui pourraient survenir ? Ce chapitre tentera de répondre à ces questions. Nous commencerons par examiner les principaux avantages à monter sa propre structure, avant de vous indiquer les premières démarches à suivre. Pour vous aider dans cette voie, il est essentiel que vous appreniez à vous fixer des objectifs qui vous permettront d'atteindre votre but ultime : diriger votre propre marque.

Se mettre à son compte

Pourquoi sommes-nous si nombreux à rêver de laisser tomber un travail aux horaires de bureau pour monter et diriger notre propre structure ?

1. ***La liberté :*** Vous êtes votre propre patron, vous vous fixez vos propres règles, vos propres objectifs.
2. ***La créativité :*** Vous avez la possibilité de créer quelque chose à partir de rien, exactement comme vous l'envisagez. Vous fondez un patrimoine durable.
3. ***Le contrôle :*** C'est vous qui prenez toutes les décisions. La réussite de votre entreprise ne tient qu'à vous.
4. ***Le choix :*** Mac ou PC, 9 h-17 h ou 10 h-18 h : c'est vous qui choisissez selon vos goûts, et c'est votre style qui dicte celui de votre entreprise.
5. ***L'ambition :*** Votre entreprise aura la dimension que vous pouvez et voulez lui donner, mais vous êtes aussi libre de rester modeste.
6. ***L'argent :*** Vos revenus ne sont pas plafonnés, en théorie.
7. ***Travailler chez soi :*** Beaucoup de petites entreprises de mode sont créées à domicile. Cela évite de perdre du temps dans les transports.
8. ***Le choix du personnel :*** C'est vous qui choisissez les personnes avec qui vous voulez travailler.
9. ***Les grandes vacances :*** Vous pouvez arrêter de travailler quand vous voulez et aussi longtemps que vous le souhaitez.
10. ***La flexibilité :*** Vous réalisez vos projets quand vous pensez que le moment est venu.

Peter Ingwersen, de Noir.

Toutes ces raisons pour monter votre propre structure sont fondées, sachez néanmoins que chaque avantage a aussi son inconvénient, que vous devez également prendre en compte. Voici les points négatifs :

1 ***Le manque de soutien :*** Vous n'avez personne vers qui vous tourner pour résoudre les questions que vous vous posez, surtout lorsque vous manquez d'expérience. L'absence d'appui peut poser un vrai problème, en particulier au début, quand vos finances ne permettent pas forcément d'employer des gens, même à temps partiel.

2 ***Vous êtes le seul responsable :*** Vous êtes le patron, et la réussite de votre entreprise tient en grande partie aux décisions que vous prendrez et au temps de travail que vous voudrez lui consacrer. La force de votre structure se mesure donc à votre seule compétence, du moins au début.

3 ***La précarité financière :*** Quand vos fournisseurs vous envoient leurs factures et que votre budget est limité, vous serez forcément le dernier à vous rémunérer. Si l'entreprise est en faillite, vous perdrez alors tous vos investissements financiers.

4 ***Travailler 24h sur 24 et 7 jours sur 7 :*** Votre entreprise devient un travail à plein temps, même quand vous n'êtes pas à votre atelier. Il est parfois très difficile de savoir s'arrêter de travailler, car il y a toujours quelque chose à faire. Diriger son entreprise, en particulier dans un secteur aussi exigeant que celui de la mode, peut être une expérience très stressante.

6 ***La solitude :*** Gérer une entreprise seul chez soi n'est pas facile. Si vous étiez habitué à travailler en équipe, vous mettre à votre compte peut être un vrai choc.

7 ***Le manque de motivation :*** Vous ne rendez des comptes qu'à vous-même. Si vous n'êtes pas vigilant et ne prenez pas les choses en main, vous risquez de vous laisser déborder.

8 ***Le client est roi :*** Même si vous êtes en théorie le chef de votre entreprise, vous avez des comptes à rendre à votre clientèle.

EXERCICE RAPIDE (5 minutes)

Listez tous les avantages et les inconvénients d'être à votre compte. Les points positifs sont-ils plus nombreux que les points négatifs ?

Avant de se mettre à son compte

Une fois que vous avez bien pris la décision de vous mettre à votre compte, commencez à clarifier vos idées. Voici une liste de dix choses que vous devez impérativement prendre en compte avant de vous lancer. Ces points seront examinés plus en détail dans les pages qui suivent.

1 ***Faites un bilan de compétences :*** La réussite de votre entreprise ne tient qu'à vous. Quels sont vos points forts, quelles sont les qualités que vous devez développer ? Demandez à votre entourage de vous dire quels sont vos points forts.

EXERCICE RAPIDE (5 minutes)

Faites une liste de tous les traits de caractère et des qualités que vous jugez nécessaires pour être un bon chef d'entreprise. Évaluez-vous par rapport à cette liste. Combien de ces qualités pensez-vous posséder ? Soumettez ensuite cette liste à un ami ou à un parent, et observez comment ils vous évaluent.

---

2 ***Parlez-en autour de vous :*** Demandez conseil à un maximum de personnes. Discutez avec d'autres chefs d'entreprise et essayez de tirer parti de leur expérience. Il vous sera ainsi plus facile de gérer les difficultés.

3 ***Assurez-vous qu'il existe un marché pour votre projet :*** Le meilleur moyen d'échouer est de proposer un produit ou un service dont personne ne veut !

EXERCICE RAPIDE (10 minutes)

Faites une liste FFPM (voir page 108) : à partir de votre projet de marque, faites une liste des forces, des faiblesses, des possibilités et des menaces. Évaluez les points positifs par rapport aux points négatifs et demandez-vous ensuite si votre idée de départ tient vraiment la route.

---

4 ***Étudiez le marché :*** Ce n'est pas parce que vous pensez que votre idée est bonne que les autres le penseront aussi. Vous devez étudier les besoins de vos clients potentiels ainsi que leur comportement d'achat.

5 ***Une expérience professionnelle est souhaitable :*** Si vous avez le projet d'ouvrir une boutique, commencez par vous faire embaucher dans un magasin de vêtements. En effet, comment saurez-vous comment fonctionne la mode si vous n'avez jamais travaillé dans ce secteur ? Une expérience en magasin pourra aussi vous donner une meilleure idée de la manière dont les acheteurs organisent leur budget d'achat pour la saison et recherchent de nouvelles marques.

6 ***Rédigez un plan :*** Notez toutes vos idées importantes ainsi que les obstacles potentiels. Vous pouvez commencer à rédiger votre projet, en vue de l'élaboration d'un plan d'affaires plus structuré.

7 ***Construisez un réseau de relations :*** Une entreprise se doit de développer un réseau de relations fort et durable. Entretenez un bon rapport avec votre banquier. Votre assurance et votre foi dans votre projet vous aideront quand vous aurez à gérer des problèmes de trésorerie. Vous aurez également besoin de développer des relations avec vos clients.

8 ***Cherchez du soutien :*** Le soutien de vos proches est essentiel, en particulier dans les moments difficiles. Expliquez-leur que vous devez consacrer du temps à votre entreprise. Pour développer votre activité,

vous aurez également besoin de vous assurer les services de professionnels, des coupeurs de patron aux imprimeurs textile, en passant par les dessinateurs et les photographes. Constituez ce carnet d'adresses suffisamment tôt, cela vous fera gagner du temps par la suite.

9 ***Faites-vous aider par des professionnels :*** Vous aurez besoin d'un bon avocat et d'un bon comptable. Assurez-vous qu'ils sont spécialisés. Les conseils qu'ils vous donneront peuvent être déterminants.

10 ***Restez prudents :*** Les jeunes chefs d'entreprise ont tendance à surestimer les revenus qu'ils espèrent toucher comme à sous-estimer leurs frais. Même si l'optimisme est un trait de caractère que l'on retrouve assez souvent chez les jeunes chefs d'entreprise, la prudence et la modestie sont de mise, surtout quand on fait ses premières prévisions.

Se fixer des objectifs

La mise en place d'objectifs vous donnera une idée plus précise de votre projet et vous permettra d'organiser vos activités. Lorsque vous aurez dressé un inventaire de vos objectifs, vous vous apercevrez qu'ils sont de deux types : personnels (avoir un meilleur niveau de vie et avoir une plus grande liberté d'expression, gagner plus d'argent) et professionnels (avoir une bonne couverture presse de son produit, vendre sa collection à cinq grands magasins pour la première saison ou réaliser des bénéfices dès la première année). Il est important de faire la distinction entre ces deux types d'objectifs pour mieux cerner vos priorités, afin d'éviter que vos objectifs n'entrent en conflit les uns avec les autres. Il est donc important que vous sachiez dès le départ quels sont ceux que vous voulez atteindre.

Avant de commencer à vous fixer des objectifs, il est important que vous fassiez la différence entre un objectif et un but. Les buts sont des orientations générales, trop floues pour être mesurées. Un exemple de but à atteindre est de dire : « Je veux être le plus grand styliste du monde. » Il vaut mieux autant que possible éviter de vous fixer des buts.

Les objectifs, en revanche, sont, eux, spécifiques et précis. On distinguera, par exemple, les objectifs liés au résultat des objectifs psychologiques ou comportementaux. Dans tous les cas, un objectif est mesurable et concis. On peut l'atteindre : il est là, réel et fini. Un exemple d'objectif est de dire : « Je veux être déclaré créateur de l'année par le magazine *Vogue*. » Si possible, notez vos objectifs par écrit. Le simple fait de les écrire permet de mettre en place un plan d'action pour les atteindre.

La fonction de chef d'entreprise ne convient pas à tout le monde, et plusieurs facteurs sont à envisager avant de se lancer. Mais, en toute logique, ceux qui choisissent cette voie y trouvent plus d'avantages que d'inconvénients. C'est même souvent une décision qu'ils auraient aimé prendre plus tôt. Les études de cas qui ponctuent cet ouvrage montrent que pour la plupart de ces stylistes la création de leur marque était une véritable nécessité.

EXERCICE Consacrez 30 à 40 minutes pour faire les étapes 1 à 6.

ÉTAPE 1 : *Prenez une feuille de papier A4 et tracez une ligne verticale au centre. Dans la partie gauche, écrivez l'intitulé « objectifs personnels » et intitulez la partie droite « objectifs professionnels ». En haut et au centre, écrivez l'intitulé « objectifs à court terme ».*

ÉTAPE 2 : *Prenez dix minutes pour faire la liste de tous les objectifs personnels qui vous viennent à l'esprit et reportez-les dans la colonne de gauche. Les objectifs personnels relèvent du mode de vie que vous souhaitez avoir.*

ÉTAPE 3 : *Procédez de la même façon pour ce qui concerne les objectifs professionnels, que vous noterez dans la colonne de droite. Attention, ces objectifs doivent se rapporter à la manière dont vous comptez développer votre entreprise : trouver cinq distributeurs pour la première saison, par exemple, ou employer un assistant-styliste pour pouvoir dégager du temps et vous consacrer à d'autres tâches.*

ÉTAPE 4 : *Comparez ensuite les deux colonnes et demandez-vous s'il existe des conflits entre vos objectifs personnels et vos objectifs professionnels, ou entre plusieurs objectifs de la même rubrique. Théoriquement, vos objectifs professionnels ne devraient pas entrer en contradiction avec vos objectifs personnels, bien au contraire.*

ÉTAPE 5 : *Choisissez trois objectifs personnels et deux objectifs professionnels, puis essayez de les développer en détail. Écrivez à la première personne du futur – « Je réussirai à... ». Donnez-vous des échéances pour les atteindre.*

ÉTAPE 6 : *Sur une autre feuille de papier, imprimez chaque phrase en vous donnant un ordre de priorité.*

ÉTAPE 7 : *En vous réveillant le lendemain matin, lisez votre liste à voix haute, fermez les yeux et imaginez que chacun de ces objectifs est atteint. Essayez d'imaginer la sensation que vous procurerait le fait de voir les modèles de votre collection exposés sur les cintres d'un grand magasin, de venir saluer à la fin de votre premier défilé, ou de vous allonger sur un transat sur une plage du Pacifique. Ensuite, rangez votre liste et mettez-vous au travail.*

ÉTAPE 8 : *Chaque fois qu'un objectif est atteint, supprimez-le de votre liste et prenez le temps d'apprécier ce que vous avez réussi à faire. Remplacez l'objectif atteint par un nouveau et dressez ainsi une nouvelle liste.*

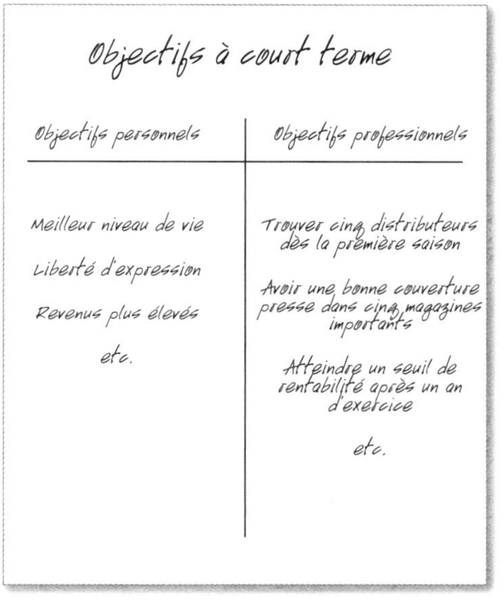

Cette liste est personnelle. Ne la montrez qu'à ceux ou celles qui travaillent avec vous et qui seraient susceptibles de vous aider à atteindre vos objectifs. Pour y parvenir, il n'y a pas trente-six solutions : il faut rester cohérent et travailler d'arrache-pied. Il est inutile d'ajouter la pression exercée par le regard d'autrui sur ce que vous avez ou non réussi à faire. Vous vous apercevrez que le simple fait de rédiger vos objectifs et de les imaginer comme atteints vous aidera à trouver les moyens de les réaliser. Quand vous trouvez la solution pour atteindre un objectif, passez immédiatement à l'acte. C'est ainsi que vous progresserez et réussirez à diriger l'entreprise comme vous l'imaginiez.

Entretien avec Ravi Mattu, éditeur de la rubrique « Business Life » au Financial Times

Par quoi un bon dirigeant se démarque-t-il ?
Il n'y a pas une seule réponse à cette question, mais quelques qualités se détachent. Pour un jeune entrepreneur, je diviserais ces qualités en deux atouts clés : la capacité à s'impliquer et celle à prendre des décisions.

Premièrement, vous devez être un battant, capable de séduire et de convaincre n'importe qui. Quel que soit votre interlocuteur – un financeur potentiel, une star que vous recruterez peut-être –, vous devez l'inspirer. En d'autres termes, vous devez avoir une vision à court et à long terme forte pour votre entreprise. Quel objectif souhaitez-vous atteindre, où désirez-vous être dans cinq ans ?

Deuxièmement, vous devez être capable de communiquer et d'exprimer clairement ces objectifs dans toute votre entreprise, aussi bien à vos employés directs qu'au VRP qui tâche de convaincre les boutiques d'acheter vos articles, en passant par la vendeuse qui vend vos robes aux clientes. Ils auront ainsi les clés pour prendre des décisions avisées, profitables à votre entreprise.

Apple est un bon exemple de communication qui remplit sa mission. Steve Jobs était toujours très clair sur ce que devait être l'entreprise : un fabricant de produits qui font envie et facilitent la vie. Depuis la conception des produits jusqu'au service clients haut de gamme des Apple Stores, ce principe essentiel exsude de toute la marque, à tous les échelons de la chaîne des achats.

Troisièmement, et c'est le plus important, vous devez embarquer les gens avec vous. Cela peut faire cliché, mais un bon dirigeant doit créer une culture dont la survie ne repose pas que sur lui. Vous devez communiquer avec tous vos employés et savoir les écouter, sonder tous les niveaux de votre entreprise pour vraiment comprendre ce qui s'y passe. C'est aussi un moyen formidable d'identifier les personnes clés dans son fonctionnement.

En un mot, il ne faut jamais perdre de vue la dimension humaine. N'oubliez pas que quel que soit le système de gestion, la hiérarchie ou la technologie employé, diriger une entreprise consiste avant tout à gérer des personnes et à interagir avec elles. À moins de communiquer directement avec elles, vous ne serez jamais un bon dirigeant.

D'après votre expérience, de quoi un partenariat a-t-il besoin pour être fructueux dans les industries de la création ? Que devrait chercher une start-up chez ses partenaires ?
Beaucoup de gens lancent leur compagnie avec un partenaire, en partie pour l'assurance qu'ils en retirent : on peut s'autoriser davantage d'audace et d'ambition quand on se lance dans l'aventure à deux plutôt qu'en ne comptant que sur soi-même. Dans ce secteur, les partenariats les plus fructueux ont souvent reposé sur l'association de personnalités très différentes. Yves Saint Laurent et Pierre Bergé, Valentino Garavani et Giancarlo Giammetti, ou même Paul McCartney et John Lennon… À chaque fois, les partenaires se complétaient mutuellement, si bien que leurs réalisations en tant qu'équipe étaient meilleures que celles qu'ils auraient obtenues séparément.

Dans les industries de la création, le partenariat peut être essentiel pour s'assurer que le travail d'un génie artistique soit commercialement viable. L'un des partenaires se consacre à l'aspect esthétique, l'autre à la stratégie pour en tirer des bénéfices. Dans un monde idéal, on doit donc chercher une personne dont les talents ne font pas simplement écho aux nôtres, mais les complètent. Il convient cependant d'aborder de la même façon les éléments qui permettent le fonctionnement de l'entreprise à la fois dans son ensemble (vous partagez la même vision de l'entreprise idéale et les mêmes objectifs ultimes) et dans sa dimension plus terre-à-terre (vous avez par exemple la même éthique de travail, afin qu'aucun des deux partenaires n'ait l'impression de prendre en charge une plus grande part de travail, situation qui engendrerait à coup sûr du ressentiment).

Le partenariat qui vous convient dépend invariablement du stade auquel vous en êtes dans votre entreprise. Celui ou celle qui vous accompagne à vos débuts est peut-être parfait pour démarrer, mais avec le développement de votre structure ou face à des conditions difficiles, vous vous apercevrez peut-être que vos divergences l'emportent sur vos points de convergence. Comme dans un mariage, tout partenariat demande de s'investir ; il vous faudra peut-être rechercher occasionnellement des conseils extérieurs afin d'être certain que cette relation convient à votre entreprise et, le cas échéant, être capable de passer par un divorce si la pérennité de la compagnie l'exige.

En un mot : ne cherchez pas votre double parfait ; faites preuve de flexibilité et d'un esprit d'analyse constant.

En quoi est-il important qu'une entreprise s'adapte en permanence ?

Toute personne qui se lance dans la création d'une entreprise doit garder à l'esprit la citation de l'économiste J. M. Keynes : « Quand les faits changent, je change d'opinion. » Peut-être commencerez-vous avec une idée précise de l'entreprise que vous souhaitez, en vous convainquant qu'une fois surmontée une série de défis, vous atteindrez la terre promise du succès commercial. En réalité, monter son entreprise s'apparente à se tenir debout sur des sables mouvants : le sol se dérobe sans cesse sous vos pieds et vous devez être capable de vous adapter en permanence à des circonstances fluctuantes.

Les entrepreneurs peuvent rencontrer des difficultés. D'un côté, vous devez être motivé par un objectif clair et passionnant. Dans le même temps, en cours de route, vous devrez savoir à quel moment dévier et / ou vous éloigner de cette vision si les circonstances l'exigent. Si vous lancez votre entreprise, vous devrez être prêt à changer de tactique lorsque les « faits » changeront. Que cela implique de repenser la nature de votre entreprise, de changer votre stratégie de marque ou de décider à quel moment développer ou réduire vos activités, vous aurez parfois besoin de prendre du recul, d'évaluer votre entreprise avec honnêteté et d'accepter des changements si la situation n'évolue pas comme vous l'espériez. Rappelez-vous : beaucoup de personnes créatives ont une bonne idée d'entreprise, mais peu ont la flexibilité et la capacité à s'adapter aux conditions changeantes qui leur permettront de construire une entreprise florissante.

Diriger une entreprise, c'est un peu comme faire du surf : il faut s'adapter à la vague plutôt que de croire que tenir debout est une fin en soi.

Yasmin Kianfar a obtenu une licence en modélisme et marketing au Central Saint Martins de Londres avant de créer sa marque de mode éponyme en 2010, à vingt-trois ans. Elle crée principalement du prêt-à-porter de luxe, des articles vendus entre 300 et 1 800 €. Son désir de mettre à profit sa dernière année pour travailler sur son projet n'était pas toujours du goût de ses professeurs. « Je me suis efforcée d'allier innovation et réalité commerciale, or ils espéraient voir de l'innovation pure. »

Yasmin a lancé sa collection en 2011. « J'ai créé une collection de tenues de soirée car je pensais avoir ainsi une meilleure visibilité en tant que jeune créatrice. » Yasmin a utilisé des couleurs neutres, notamment le noir, le blanc, le camel et le chair. « C'était un choix intentionnel, explique-t-elle, car j'ignorais si j'attirerais tout de suite les acheteurs. »

La stratégie de vente de Yasmin était « d'obtenir l'attention d'acteurs et d'acheteurs clés de l'industrie afin de s'assurer une commande ». Elle dit avoir « démarché des magasins, leur expliquant qu['elle] étai[t] une jeune créatrice qui voulai[t] envoyer [s]on catalogue de collection aux acheteurs ». Grâce à cette approche, elle a obtenu une commande de la prestigieuse boutique Browns Focus. Yasmin a ensuite démarché des acheteurs de magasins similaires dans le monde entier, notamment Opening Ceremony, 10 Corso Como, Luisa Via Roma et Colette. « Je savais que c'était une perte de temps de contacter les grands magasins avant d'être mieux implantée. »

« Je ne crois pas que j'aurais eu le même succès si j'avais attendu un an après l'obtention de mon diplôme pour me lancer, explique Yasmin. Les magasins expriment vraiment une forte attirance pour des vêtements radicalement nouveaux. » D'après elle, il faut miser sur cette fraîcheur. Lors de l'élaboration de sa collection, elle s'est focalisée sur certains revendeurs, car les refus sont démoralisants lorsque l'entreprise débute. Pour sa deuxième saison, Yasmin s'est attachée à garder ses distributeurs plutôt que de chercher à se développer trop rapidement. C'est ainsi qu'elle a rendu visite à Opening Ceremony, à New York, et noué des relations avec des acheteurs plutôt que d'investir de l'argent dans un salon professionnel.

Yasmin crée ses prototypes et a basé sa production à Londres, « avec quelques personnes qui produisent [ses] articles en petites quantités ». Elle est convaincue que cette stratégie est gagnante parce qu'elle « peut leur demander n'importe quelle quantité et gérer de près la production. Je tâche autant que possible de produire mes vêtements au Royaume-Uni, pour des raisons à la fois éthiques et pratiques ».

L'un des outils de marketing clés de Yasmin est son catalogue, « une dépense nécessaire pour [son] client cible ». D'après elle, il est important de ne pas commencer par les défilés à moins d'avoir des ressources financières suffisantes pour continuer ensuite dans cette voie. « Prendre une orientation puis dévier donnerait une impression d'échec. » Cela étant, elle n'exclut pas d'organiser des défilés lorsque sa marque sera mieux établie.

Depuis le premier jour, Yasmin gère la communication pour sa marque ; aujourd'hui représentée par une agence, elle pense tout de même que les nouveaux créateurs doivent prendre en charge cet aspect de leur activité les premières années. « Au début, les rédacteurs en chef et les blogueurs attendent du designer qu'il s'adresse directement à eux. Vos ventes vous permettent d'avoir plus de temps pour travailler sur la communication. Il ne faut pas chercher à sauter les étapes, et le temps est précieux quand on démarre : on doit établir ses priorités. »

Yasmin dirige sa marque toute seule, assistée d'un ou deux stagiaires. « Ce travail solitaire crée un certain isolement, admet-elle ; on doit s'organiser un cadre de travail convenable. » À ses yeux, les jeunes diplômés doivent être « conscients des réalités de la création et de la direction d'une entreprise : la création n'est qu'une facette de ce qui les attend, ils doivent apprécier autant les autres tâches ». Sa motivation est extrêmement forte ; elle la doit, explique-t-elle, à l'idée d'être « totalement indépendante ». « Je ne crois pas que les créateurs ou employés qui travaillent pour une marque aient les mêmes opportunités. »

Dès le début de sa carrière, Yasmin Kianfar a voulu être indépendante.

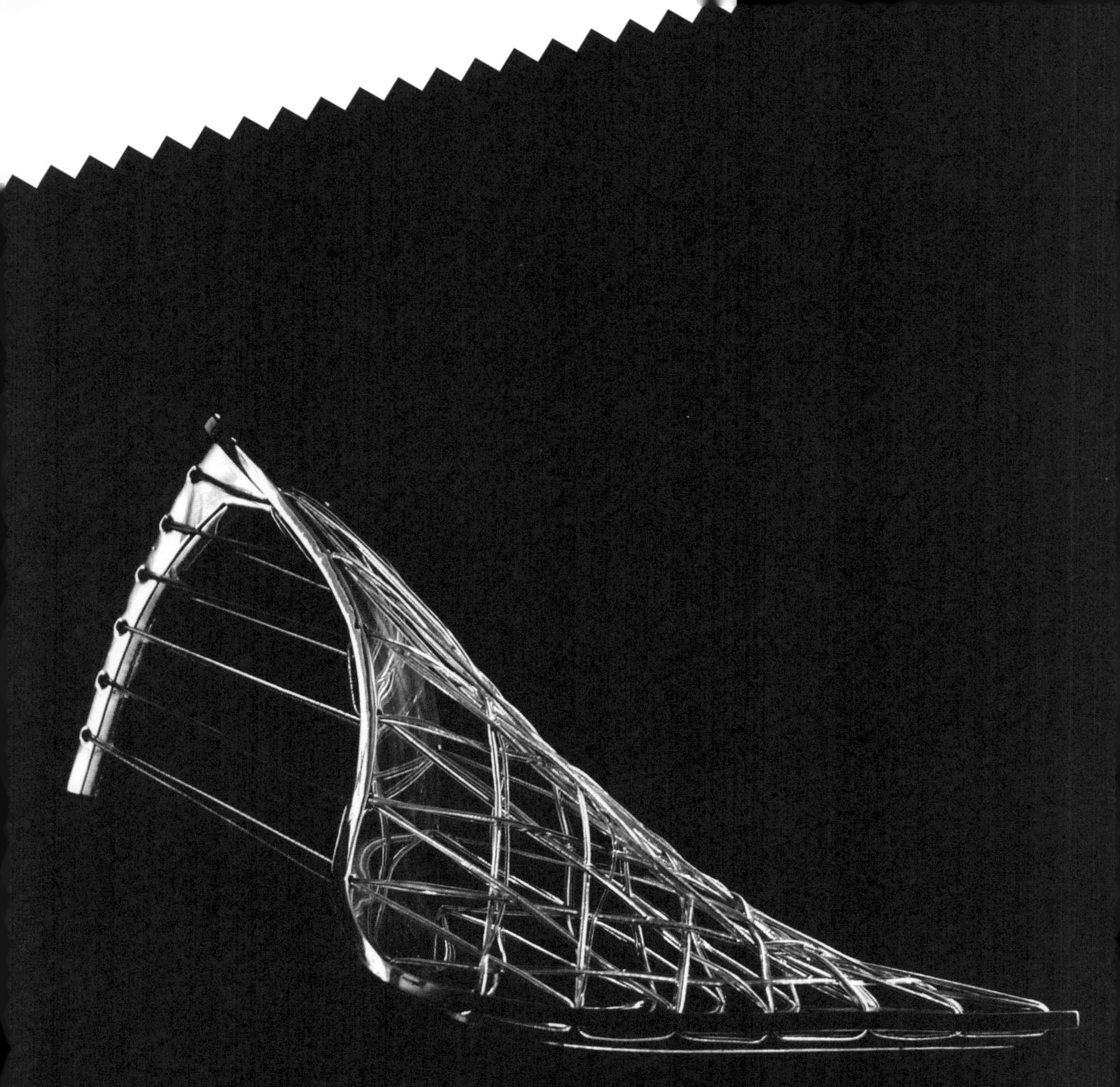

Chapitre 3 : Le statut juridique de votre entreprise

Vous devez dès le départ réfléchir à la structure et au type d'entreprise que vous voulez créer. Plusieurs facteurs sont à prendre en compte avant d'opter pour tel ou tel statut juridique. Allez-vous créer votre entreprise seul ? Aurez-vous des associés ? Aurez-vous besoin d'un apport initial pour démarrer votre activité ? Organisez-vous bien dès le départ pour réduire vos frais au minimum. C'est le meilleur moyen d'éviter que vos relations de travail tournent mal, ce qui est l'une des principales causes de l'échec d'une entreprise. Certaines structures seront mieux adaptées que d'autres à votre projet. Discutez des possibilités qui s'offrent à vous avec votre avocat, sachant que vous pourrez peut-être avoir besoin de modifier les statuts de votre société en fonction du développement de votre activité. Il est par conséquent conseillé d'anticiper sur les possibilités et les limites de chacune d'elles.

L'entreprise individuelle

Si vous décidez de créer votre marque seul, l'entreprise individuelle est, de loin, la structure la plus adaptée. Vous ne formerez, avec votre entreprise, qu'une seule et même personne. La comptabilité est allégée et, comme vous travaillez seul, tous les bénéfices vous reviennent. En contrepartie, vous serez personnellement responsable des dettes de votre entreprise sur l'ensemble de vos biens. Par conséquent, si vous avez besoin d'importants apports extérieurs, le choix de cette structure comporte des risques.

Les formalités de création

Les formalités de création de votre entreprise sont réduites au minimum. Il suffit de demander votre immatriculation auprès de la chambre de commerce et d'industrie. Ces formalités peuvent être effectuées en ligne sur le site du Centre de formalités des entreprises (www.cfenet.cci.fr). Votre régime social sera celui des indépendants.

Chaussure conceptuelle de Gil Carvalho.

Financement et gestion de l'entreprise

L'entreprise et l'entrepreneur ne forment qu'une seule et même personne, ce qui signifie que vous prenez toutes les décisions seul sur la manière dont vous gérez votre activité au quotidien. La plupart des entrepreneurs individuels injectent leurs fonds propres dans l'entreprise, à quoi peuvent s'ajouter des emprunts contractés auprès des banques ou d'autres prêteurs si nécessaire.

Comptabilité

Les commerçants indépendants se rémunèrent eux-mêmes et doivent chaque année déclarer leurs revenus auprès du Trésor Public. Vous devez établir un bilan annuel de votre activité avec votre chiffre d'affaires. Votre comptable vous aidera si la comptabilité n'est pas votre fort.

Régime fiscal

Les bénéfices de votre entreprise doivent être portés dans votre déclaration personnelle de revenus, catégorie des bénéfices industriels et commerciaux (BIC). Ils seront donc soumis à l'impôt sur le revenu. Impossible d'opter pour l'impôt sur les sociétés lorsque l'on crée une entreprise individuelle. Vous pouvez également choisir le « régime micro-entreprise », qui correspond à un dispositif ultra-simplifié de détermination des bénéfices imposables. Le principal objectif du régime micro est de réduire au minimum les obligations comptables et fiscales des entrepreneurs individuels, afin qu'ils puissent se consacrer plus largement à leur activité.

Responsabilité

En tant qu'entrepreneur individuel, vous êtes personnellement responsable des dettes de la société. Si votre entreprise connaît des difficultés financières et est dans l'impossibilité d'honorer ses dettes, vos biens propres, voire vos biens fonciers, peuvent être saisis.

La société à responsabilité limitée (SARL)

La SARL est la forme de société la plus répandue en France. Elle a pour principale caractéristique de limiter la responsabilité des associés à hauteur de leurs apports. En effet, dans une structure de ce type, patrimoine de la société et patrimoine personnel des associés sont séparés.

La société se compose de plusieurs associés appelés « actionnaires ». En principe, les associés ne sont pas personnellement responsables des dettes de l'entreprise, sauf en cas d'engagement en tant que caution. En cas de faillite de l'entreprise, les apports personnels investis dans la société peuvent être perdus. À la différence de l'entreprise individuelle, la SARL exige au moins deux associés.

Les formalités de création

La création d'une SARL suppose un certain nombre de formalités : rédaction et signature des statuts de la société, dépôt du capital, enregistrement des statuts au centre des Impôts, publication de la constitution de la société dans un journal d'annonces légales, dépôt des actes au Centre de formalités des entreprises (CFE), et immatriculation au registre du Commerce.

Financement et gestion de l'entreprise

Ce sont généralement les associés qui gèrent l'entreprise. Le capital de la société provient d'apports personnels des associés ou de prêts extérieurs. Il arrive également que la société soit constituée de « *sleeping partners* », à savoir des investisseurs qui ne participent pas à la gestion quotidienne de l'entreprise.

Régime fiscal

La SARL est en principe soumise à l'impôt sur les sociétés, mais dans certaines circonstances les associés peuvent opter pour l'impôt sur le revenu.

Si les associés ont décidé en assemblée de procéder à une distribution de dividendes, la part revenant à chaque associé doit être déclarée dans sa déclaration de revenu.

La société en nom collectif (SNC)

Dans une société en nom collectif, tout se passe comme si plusieurs entrepreneurs individuels exploitaient en même temps la même entreprise. Les décisions sont prises par le gérant ou par tous les associés en assemblée générale ordinaire. Chaque associé a la qualité de commerçant.

Les formalités de création

Vous devez rédiger les statuts de la société. Votre avocat pourra vous donner des conseils circonstanciés, liés à la nature de votre activité. Il est conseillé d'établir un pacte d'associés au moment de la constitution de la société qui envisagera la nomination d'un médiateur en cas de mésentente entre les associés. Vous trouverez pages 38-39 un aperçu des éléments que vous devez inclure dans ce pacte.

Financement et gestion de l'entreprise

Généralement, ce sont les associés qui gèrent l'entreprise, mais certaines responsabilités peuvent être déléguées à des tiers. Le capital de départ des sociétés provient la plupart du temps d'apports personnels des associés, auxquels peuvent s'ajouter des emprunts.

Régime fiscal

Les associés sont soumis au même régime fiscal que l'entrepreneur individuel : chaque associé est soumis à l'impôt sur le revenu sur la part des bénéfices qui lui revient. La société doit établir des registres comptables faisant apparaître les recettes et les dépenses.

Responsabilité

À la différence de la SARL, la SNC suppose une responsabilité indéfinie et solidaire des associés. Ces derniers répondent des engagements de la société sur leurs biens personnels et chaque associé est tenu de payer l'intégralité des dettes de la société.

La société anonyme (SA)

La SA est une autre forme juridique de société commerciale. Cette structure est réservée aux gros projets ou du moins à ceux qui nécessitent des capitaux importants, et qui sont susceptibles de séduire et de convaincre au moins sept actionnaires. Sa création nécessite l'intervention d'un juriste ou d'un avocat, sa gestion doit être suivie par un cabinet d'expertise-comptable et son fonctionnement est assez lourd (conseil d'administration et assemblée générale des actionnaires). Mais le capital peut être facilement augmenté en fonction des besoins et de la taille de la société. Enfin, l'importance de cette structure rassure les banquiers et les investisseurs.

Les formalités de création

La constitution d'une SA implique les mêmes formalités que pour créer une SARL, mais nécessite un capital de 37 000 € minimum. La SA est constituée de sept associés minimum.

Financement et gestion de l'entreprise

La SA est dirigée par un conseil d'administration de trois à dix-huit membres, obligatoirement actionnaires. Le capital social est constitué des apports initiaux des actionnaires. Une levée de fonds est possible par la vente d'actions.

Régime fiscal

Comme la SARL, la SA est soumise à l'impôt sur les sociétés (IS) et les bénéfices sont répartis entre les actionnaires sous la forme de dividendes ou réinvestis dans l'entreprise.

Les dirigeants ont le statut de salariés, et leur rémunération, déductible du bénéfice imposable, bénéficie du régime fiscal des salariés.

La marque d'accessoires Knomo a opté pour la création d'une société à responsabilité limitée constituée de trois dirigeants.

Responsabilité

Les actionnaires de l'entreprise ne sont pas personnellement responsables des dettes de l'entreprise, mais les dirigeants qui se sont portés caution pour des prêts bancaires peuvent se trouver engagés.

Autres structures juridiques

Les franchises

La formule de la franchise peut séduire : elle permet de conjuguer l'indépendance juridique, la liberté d'entreprendre, les bénéfices d'un concept déjà éprouvé et le soutien logistique d'un réseau. Pour devenir franchisé, vous souscrivez à un contrat de franchise qui vous octroie le droit d'utiliser le nom, les produits, les services et les savoir-faire de l'enseigne. Généralement, le contrat réserve une zone géographique au franchisé et précise sa durée, qui peut être renouvelable. Avant d'accepter votre entrée dans le réseau, le franchiseur étudiera votre potentiel de développement dans la région que vous avez choisie, votre domaine d'expertise et vos capacités de gestion.

L'association

Cette structure juridique convient aux personnes qui désirent se regrouper dans un but autre que le partage des bénéfices. Les bénéfices sont réinvestis dans l'association pour atteindre des objectifs à caractère social et ne peuvent être partagés entre ses membres. La structure associative est néanmoins complexe. Pour vous assurer que ce cadre juridique conviendrait à votre activité, nous vous conseillons de consulter le portail d'information sur les associations www.associations.gouv.fr qui fournit un guide d'informations pratiques.

Pacte d'associés

En complément des statuts de la société, le pacte d'associés est un instrument utile pour organiser les relations entre les différents partenaires. Doivent y figurer :

- ***La dénomination sociale :*** *Accordez-vous sur le nom à donner à votre société. Vous pouvez utiliser vos noms patronymiques, comme Dupond & Dupont, mais vous pouvez aussi l'enregistrer sous un autre nom en lien avec le produit et l'image que vous voulez donner. La dénomination sociale peut être distincte du nom commercial, qui est le nom sous lequel l'activité de votre société sera connue du public. Vous pouvez créer plusieurs noms commerciaux à l'intérieur de votre société.*
- ***Les modes de contribution de chaque associé :*** *Décrivez en détail qui contribue à quoi en termes de financement, de propriété et de services, et déterminez le pourcentage auquel chaque associé a droit.*
- ***La répartition des bénéfices et de l'actif :*** *Déterminez la manière dont les bénéfices et les pertes sont répartis en fonction de la part de chaque associé dans le capital de l'entreprise. Précisez également la fréquence de la distribution des dividendes (mensuelle ou annuelle).*
- ***Les clauses relatives à la direction :*** *Il importe de définir qui dirigera l'entreprise et la représentera vis-à-vis des tiers.*
- ***La prise de décision entre les associés :*** *Comment se prennent les décisions dans l'entreprise ? Toutes les décisions doivent-elles être prises par un vote à l'unanimité de tous les associés ? Ou la majorité absolue ne sera-t-elle requise que pour les grandes décisions, laissant les associés libres de gérer les décisions courantes ?*

Rappel :
Si vous vous posez des questions sur le choix d'une structure juridique adaptée à vos besoins, faites appel à un professionnel. Votre comptable et votre avocat pourront vous conseiller et vous indiquer les avantages et les inconvénients propres à chaque structure. Vous pouvez très bien démarrer votre activité en entreprise individuelle ou en société en nom collectif, mais, si vous souhaitez plus tard augmenter votre capital grâce à des apports extérieurs, il sera sans doute préférable de créer une société à responsabilité limitée de manière à protéger vos biens propres en cas de faillite de l'entreprise.

- ***Le mode de répartition des fonctions de chacun :*** *Qui fait quoi dans l'entreprise ? Étudiez les besoins de votre entreprise et les compétences naturelles de chacun des associés. En fonction de ces données, répartissez les responsabilités de manière équitable.*

- ***L'admission de nouveaux associés :*** *Il est possible que vous souhaitiez étendre votre activité, à un moment donné, et ouvrir alors votre société à des investisseurs ou à de nouveaux associés. Précisez l'attitude à adopter en cas d'augmentation de capital.*

- ***Le départ d'un associé :*** *Essayez de vous mettre d'accord sur une stratégie acceptable de rachat des parts au cas où un associé décide de se retirer de l'entreprise. Cette clause réduira les risques de mésentente entre partenaires.*

- ***Un mode de résolution des conflits :*** *Si jamais un différend vous oppose à vos associés, essayez autant que possible de régler les choses à l'amiable plutôt que d'aller au tribunal. Faites appel à un médiateur.*

L'intérêt majeur de ce pacte est de clarifier les relations entre les associés et d'anticiper sur les difficultés qui pourraient survenir entre eux. Il est fortement recommandé de rédiger ce contrat avec l'aide d'un avocat pour être certain que le document couvre bien tous les champs concernés.

Howard Harrison (ancien avocat et conseiller financier), Benoit Rescue (ancien directeur de création dans la publicité) et Alastair Hops (ancien banquier) ont fondé Knomo en octobre 2004, une marque spécialisée dans les sacs d'ordinateurs portables et les accessoires haut de gamme et branchés pour une clientèle jeune, urbaine. Howard revient sur la genèse de ce projet : « L'idée de cette marque m'est venue après avoir fait un voyage avec une sacoche d'ordinateur classique et très quelconque. J'ai pris par erreur la sacoche de quelqu'un d'autre à l'aéroport d'Heathrow. C'est à ce moment-là que je me suis rendu compte qu'il y avait un créneau pour des sacoches stylées et tendance. C'est comme ça que l'idée de Knomo est née. »

Knomo a démarré avec six gammes différentes de sacoches d'ordinateur portable en cuir, dix-huit modèles au total, combinant fonctionnalité et style. Depuis, la marque s'est développée à un rythme soutenu et la gamme de produits s'est étendue à une ligne de sacs et de sacoches pour hommes et pour femmes. Elle propose également des petits accessoires, comme des étuis pour iPod. Les prix en magasin oscillent entre 40 et 300 €.

Pendant les trois premières années, l'entreprise s'est autofinancée, grâce à un apport initial de chaque associé. La décision de réinvestir tous les bénéfices dans l'activité pour positionner la marque sur le marché international implique que les associés attendent deux ou trois ans avant de pouvoir se rétribuer. Avec leur banque, ils ont négocié une autorisation de découvert ainsi qu'un crédit dans le cadre d'un programme d'aide aux petites entreprises. Le financement de l'activité a également été facilité par la souscription à un service d'affacturage à l'import. « L'essentiel est de bien gérer sa trésorerie, car l'argent est roi, et je ne saurais trop conseiller d'avoir un banquier aimable et compréhensif », explique Alastair.

Knomo a commencé à rentrer dans ses fonds quinze mois après le démarrage de son activité. Les associés pensent que leur site Internet (www.knomo.com) est pour beaucoup dans les recettes dégagées par l'entreprise.

Pour développer la marque sur le marché intérieur anglais et la lancer sur le marché international, ils ont élaboré une stratégie de vente très ciblée. « Pour le Royaume-Uni, nous avons adopté un modèle de commerce de gros en ciblant très précisément les endroits où nous voulions que Knomo soit représenté. Nous sommes allés voir les revendeurs directement, sans passer par les salons. Pendant les douze premiers mois, Knomo a été distribué dans tous les magasins haut de gamme du Royaume-Uni, à l'exception d'Harrods, qui est venu s'ajouter à notre liste de points de vente en 2006. Jusqu'à présent, nous n'avons pas adopté de stratégie agressive auprès des détaillants indépendants et des boutiques. »

Ils ont bien conscience que les États-Unis représentent leur marché le plus important, et ils ont passé un an à élaborer une stratégie pour y percer. Après avoir rencontré plusieurs distributeurs et aussi envisagé de s'occuper seuls du lancement de la marque aux États-Unis, ils ont finalement opté pour une joint-venture avec un associé américain bien implanté. Comme l'explique Howard, « Nous avons récemment eu recours à une joint-venture aux États-Unis, en y associant plusieurs investisseurs. Nous avons créé une franchise et gardons 50 % des recettes générées par les produits. »

La réussite de Knomo tient en grande partie au fait que ses dirigeants savent quand et comment travailler avec les bonnes personnes. « Nous n'avions aucune expérience dans ce secteur, mais nous avons beaucoup appris en écoutant les experts du marché, les détaillants et les consommateurs. »

Outre ce savoir-faire dans le développement d'un bon réseau, le produit qu'ils proposent est vraiment novateur. Pour les créateurs de Knomo, ce sont les deux principales raisons du succès de la marque. Ils pensent que l'essentiel est d'avoir un seul ACV (argument clé de vente) : « Si vous ne vous démarquez pas, on ne vous remarquera jamais. Nous avons réussi à élaborer un modèle stylé et fonctionnel à la fois. Sans un excellent produit, on ne peut pas réussir. » Ils voudraient « créer une marque internationale qui soit attrayante, originale, et synonyme de sacoches branchées ». Ce qui les anime : « Une passion pour la création de très bons produits et le défi d'avoir à réinventer un segment de marché jugé peu excitant. »

Après avoir démarré avec des modèles de sacoches d'ordinateur portable, Knomo a progressivement élargi sa gamme de produits.

Chapitre 4 : Bien choisir son nom

Le choix d'un bon nom pour votre marque est un élément essentiel de son succès. Pour une petite entreprise, il est souhaitable de trouver un nom facile à mémoriser et évocateur de la marque. C'est pour cette raison que beaucoup de petites sociétés préfèrent utiliser des mots qui reflètent l'univers de la marque sans toutefois être trop explicites. Ces noms peuvent être déclarés comme une marque déposée. Dans le secteur de la mode, il est particulièrement important de trouver un nom et un logo fortement évocateurs, car ils font tous deux partie intégrante de l'identité et de l'image. L'objectif de ce chapitre est de vous aider à choisir un nom pour votre marque.

Par où commencer ?

Le choix du nom est important pour plusieurs raisons :

- C'est souvent par le nom que le client entre en contact avec la marque.
- Votre nom est votre attribut le plus visible.
- C'est la pierre angulaire de votre stratégie marketing, de l'enseigne du magasin aux emballages, en passant par les étiquettes et les catalogues de collection.
- Votre nom reflète la personnalité de la marque. Il est donc important qu'il se démarque des autres et soit facile à retenir.

Commencez par analyser le nom des marques existantes pour voir si vous ne pouvez pas vous inspirer de certaines tendances. Dans le prêt-à-porter de luxe, on utilise souvent le nom patronymique des créateurs, car c'est précisément eux qui incarnent la marque. C'est le cas par exemple de Marc Jacobs, John Galliano ou Alexander McQueen. Quand vous achetez un de leurs vêtements, vous achetez un produit qui reflète la créativité du couturier. Le nom donne une valeur ajoutée au produit. Par contraste, les marques de la grande distribution, comme Gap, French Connection, Diesel ou Miss Sixty, ne révèlent rien des créateurs qui se cachent derrière la marque. Mais ces noms sont aujourd'hui bien connus grâce à un marketing et à des campagnes de publicité efficaces.

Les meilleurs noms de marque sont souvent ceux qui reflètent la particularité de l'activité et la personnalité des fondateurs, même s'ils ne décrivent pas directement ce que fait la société. Vous devez par conséquent identifier le type d'image que vous voulez donner à votre société ou à votre produit. Voulez-vous par exemple mettre l'accent sur l'exclusivité, l'accessibilité, la mode tendance ?

Une marque signature : Jimmy Choo.

- Voulez-vous que le nom reflète ce que votre société produit – des vêtements, des accessoires ou des bijoux par exemple ? Ou trouvez-vous qu'un nom plus abstrait serait mieux adapté ?
- Souhaitez-vous utiliser votre nom patronymique pour que votre marque soit intimement liée à votre image et à votre personnalité ? Notez toutefois que si des investisseurs veulent un jour racheter votre société, vous risquez de perdre le contrôle de votre nom propre sur le marché (c'est le cas, par exemple, de Roland Mouret, Jimmy Choo et Jill Sander).
- Voulez-vous un nom relativement traditionnel, qui symbolise une forme de solidité et des valeurs plutôt classiques, ou au contraire un nom moderne, qui suggère une approche innovante de la mode ?
- Anticipez l'évolution de votre nom : évitez de choisir des mots ou des phrases susceptibles de passer de mode.
- Enfin, si vous avez l'intention de positionner votre marque à l'étranger, assurez-vous que le nom ne signifie pas quelque chose d'inapproprié dans les langues de la clientèle que vous ciblez. Attention à l'orthographe et aux sonorités : évitez des noms trop longs ou à consonance trop étrange. Veillez aussi à ce qu'ils ne soient pas trop difficiles à orthographier ou à prononcer. Trouvez un nom facile à mémoriser, qui laisse une empreinte immédiate, sans trop vous éloigner de votre produit.

C'est le moment de commencer un brainstorming.

EXERCICE RAPIDE (15 minutes)

Pendant 15 minutes, écrivez tous les noms qui vous passent par la tête, même s'ils vous semblent idiots. À la fin du temps écoulé, marquez une pause et passez à autre chose. Recommencez ce type de séance de brainstorming plusieurs fois sur une période de quelques jours. Plus vous vous prêterez à cet exercice, plus votre liste de mots sera longue.

Quand vous avez terminé votre brainstorming, affinez votre liste en supprimant les noms qui ne vous semblent pas convenir au type de produit ou d'activité que vous voulez développer. Une fois ce premier tri effectué, imprimez les noms que vous avez retenus sur une page séparée en utilisant une police d'environ 5 cm. Vivez avec ces noms pendant plusieurs jours et testez-les sur des gens et des clients potentiels. À partir des noms que vous leur soumettez, demandez-leur quel type de produit ils imaginent que vous allez vendre. Attention, ne les laissez pas vous influencer sur votre choix final, contentez-vous d'observer leur première réaction. S'ils ne sont pas convaincus par vos propositions, il est inutile d'essayer de vous justifier en leur expliquant l'histoire qui se cache derrière ces noms, car, en définitive, le client n'en saura jamais rien.

Le nom que vous choisissez de donner à votre marque est très important. Il sera décliné sur une grande variété de supports, dont les sacs. Prenez le temps de trouver le nom qui convient à votre activité.

Vérifiez le nom de domaine sur Internet

Une fois que vous vous êtes fixé sur un nom, vérifiez s'il est disponible sur Internet. Il y a de fortes chances que vous ayez besoin de créer un site Internet et une adresse email au nom de votre société, il est donc important de vérifier que le nom que vous voulez utiliser est libre. Si ce nom est déjà pris, ne jetez pas l'éponge. Vous pouvez peut-être utiliser une variante. Il arrive souvent que des personnes achètent des noms de domaine pour les revendre, il n'est donc finalement pas impossible que vous puissiez acheter le nom que vous avez choisi. Quand vous enregistrez votre nom de domaine, il peut être utile d'acheter plusieurs extensions, comme .com, .net, .fr, .biz, et ce pour deux raisons. Si vous achetez plusieurs extensions, il vous sera facile d'opérer une redirection vers votre site. Mais, surtout, cela vous permet d'avoir l'exclusivité sur le nom.

EXERCICE RAPIDE (5 à 10 minutes)

Cherchez un nom de domaine

Consultez des sites tels que www.nom-domaine.fr et suivez les étapes de l'inscription de votre nom pour vérifier sa disponibilité. Si le nom n'est pas libre, comme c'est souvent le cas, réfléchissez à des variantes. Si le nom est disponible et que vous êtes certain que c'est bien celui que vous souhaitez utiliser, enregistrez-le.

Conditions de choix du nom

Le nom que vous avez choisi fait l'objet d'une déclaration obligatoire au greffe lors de l'immatriculation de la société au registre du Commerce et des Sociétés. On obtient ainsi un droit d'usage sur la dénomination de l'entreprise. Pour une exploitation plus large de votre nom en tant que marque, vous pouvez déposer le nom de votre société auprès de l'INPI (Institut national de la propriété industrielle).

- ✖ Le nom de votre société peut être suivi des sigles du statut juridique choisi, comme SARL ou EURL.
- ✖ Le nom ne doit pas être contraire aux bonnes mœurs ou porter atteinte à l'ordre public.
- ✖ Le nom ne peut pas être identique à un nom déjà enregistré.
- ✖ Le nom ne doit pas contenir de mots ni d'expressions sujets à caution, à moins d'en avoir obtenu l'autorisation au préalable.

Pour Knomo, le choix du nom n'a pas été simple. « Nous avons réfléchi à ce que la marque était censée représenter. Nous voulions aussi un nom original, qui concorde avec des accessoires liés aux nouvelles technologies, explique Benoit Rescue. "Knomo" est une combinaison de "knowledge" [connaissance, en anglais] et de "mobilité". Même si le nom a une consonance un peu étrange, on s'est dit que les gens le retiendraient d'autant plus facilement ! »

Mots sujets à caution

Type de mots	Exemples
Mots qui suggèrent que votre entreprise a une importance nationale	Français, national, international, européen
Mots qui suggèrent un statut particulier	Association, charte, société, Chambre de commerce, Assemblée, Institut
Mots qui suggèrent une fonction particulière	Fondation, assurance, registre, Trust
Mots qui suggèrent une profession spécifique	Architecte, pharmacien, médical, docteur
Mots qui suggèrent des liens avec le gouvernement	Parlement, gouvernement, ministre

Source : *The Fashion Handbook*

L'enregistrement du nom de votre société

Si vous avez décidé de créer une société, vous devez l'immatriculer au registre du Commerce et de l'Industrie. Vous devez indiquer la dénomination sociale de l'entreprise suivie de son sigle, l'adresse de domiciliation et le descriptif de l'activité. Les formalités à accomplir et les renseignements à fournir dépendent du type d'entreprise que vous créez.

Vérifiez que votre nom n'est pas similaire ou trop proche d'un nom de marque déposée. Cela vous évitera bien des désagréments. Vous pouvez effectuer une recherche en consultant le site Internet www.icimarques.com.

Pour acquérir un droit exclusif sur la marque permettant d'interdire à toute personne ou société d'utiliser le signe dans votre secteur d'activité, vous pouvez déposer votre nom en tant que marque à l'INPI. Le coût est de 225 € jusqu'à trois classes et 40 € par classe de produits ou de services supplémentaires. (Il existe quarante-cinq classes de produits et de services, mais seuls quelques-uns ont un lien avec la mode.) L'enregistrement de votre marque peut prendre jusqu'à six mois.

Le résultat

Quand un client, devant l'un de vos produits, réagit positivement au nom de la marque, c'est le signe que vous avez trouvé le nom adéquat. Il est extrêmement important que vos clients vous associent à votre image de marque le plus rapidement possible. Si votre clientèle arrive à faire le lien avec l'histoire de la marque et le style de vie qu'elle reflète, vous êtes sur la bonne voie.

Un nom original, facile à mémoriser et positif vous aidera à promouvoir votre société ou votre produit. N'hésitez pas à consacrer du temps pour le trouver. Le nom de votre marque, c'est un peu le nom de votre enfant. Il vous accompagnera toujours et partout.

Page suivante
Les logos jouent un rôle extrêmement important dans l'esthétique d'une marque et le développement de son image.

Paul Smith
LONDON
Vivienne Westwood
ANGLOMANIA
SINCE 1970
M
Vivienne Westwood
RED LABEL
XS
LIBERTY
OF LONDON
DKNY
DONNA KARAN NEW YORK
S
100% SILK/
SOIE
MADE IN
CHINA/
FABRIQUÉ
EN CHINE
Paul Smith
LONDON
Vivienne Westwood
ANGLOMANIA
SINCE 1970
M
Vivienne Westwood
RED LABEL
XS

LIBERTY
OF LONDON
Paul Smith
LONDON
Vivienne Westwood
RED LABEL
XS
DKNY
DONNA KARAN NEW YORK
S
100% SILK/
SOIE
MADE IN
CHINA/
FABRIQUÉ
EN CHINE
Vivienne Westwood
ANGLOMANIA
M
LIBERTY
OF LONDON
DKNY
DONNA KARAN NEW YORK
S
100% SILK/
SOIE
MADE IN
CHINA/
FABRIQUÉ
Paul Smith
LONDON

Les créateurs de prêt-à-porter de luxe choisissent souvent un logo simple et sobre.

Les logos

Même s'il est difficile de mesurer la part qu'il peut avoir dans la réussite globale d'une entreprise, le choix d'un bon logo fait partie intégrante de la création d'une image de marque ; il est même le pilier de l'identité de l'entreprise. Un bon logo doit donner au client potentiel une vision d'ensemble des produits et des services de la marque en lui conférant un degré supplémentaire de sophistication, de marque de confiance et d'authenticité.

Une marque qui fait son entrée sur le marché doit se battre pour attirer l'attention. Il faut donc que vous trouviez un équilibre afin d'attirer l'attention de vos clients potentiels sans avoir l'air d'en faire trop. L'essentiel est de bien connaître votre cœur de cible, de parier sur l'avenir et de rester sobre. Le secret d'un logo à la fois efficace et économique est la simplicité. Votre logo fait partie de votre stratégie marketing. Son esthétique n'est pas le seul critère, il doit aussi communiquer.

Rappel : votre image de marque correspond à la manière dont on perçoit votre produit et non à la manière dont vous voulez être perçu.

Le motif

Le motif est une composante importante du logo. Il permet d'identifier clairement la marque. C'est la raison pour laquelle de nombreuses marques de mode se contentent de reprendre l'emblème de la société ou les initiales sur leur logo, comme c'est le cas par exemple de Ralph Lauren, de Louis Vuitton, de Fred Perry et d'Adidas.

La police de caractères

Le choix de la police de votre logo est crucial. Beaucoup de marques utilisent le nom patronymique de leur fondateur. C'est donc la police de caractères qui crée le style graphique de la marque et lui confère sa singularité. Comme pour le choix du nom de votre société, c'est l'image que vous voulez transmettre à votre client qui importe.

La couleur

Les logos de mode utilisent souvent des couleurs vives, le rouge, le noir, le blanc ou le doré, pour bien faire ressortir le motif. Toutes les couleurs peuvent bien entendu être utilisées, mais il faut tenir compte de la couleur de fond. Les couleurs vives donnent souvent un caractère et un style positifs.

EXERCICE RAPIDE (10 minutes)

En partant du nom de votre marque, testez plusieurs styles de police en 20 points. Copiez-collez votre nom une centaine de fois sur la page et appliquez-lui une typographie différente à chaque fois. Écartez toutes celles qui ne vous semblent pas adaptées à l'image de marque que vous souhaitez transmettre. Punaisez la feuille avec les essais de police sur un mur de votre atelier pour vous laisser un temps de réflexion.

La construction de votre image de marque est un processus subjectif qui deviendra réalité une fois que votre logo sera visible et imprimé sur tous vos supports de communication, de vos cartes de visite aux étiquettes tissu et papier. C'est à ce moment-là que vous pourrez juger de l'effet sur vos clients : certains adoreront, d'autres détesteront.

Rappel :

Votre logo véhicule l'identité de votre marque. Il constitue l'un des outils marketing les plus importants pour transmettre l'image de votre marque auprès de votre client.

La création de logos

Malcolm Crews – *Graphiste et directeur artistique, New York*

Avant de créer votre logo, vous devez d'abord déterminer :

1 *Le type de votre produit. Est-ce une mode décontractée, habillée, sport, des accessoires ? Une mode féminine, mixte, masculine ou pour enfants ?*

2 *La clientèle que vous ciblez. Construisez le profil de votre client idéal, qui incarnerait la marque.*

3 *La politique de prix. Haut de gamme ? Moyenne gamme ? Grande distribution ?*

4 *Un point de vue. Donnez un angle à votre marque et n'en changez pas.*

5 *Un nom de marque qui résume votre histoire (le nom du créateur n'est pas toujours la meilleure option pour un nom de marque).*

Le graphisme du logo véhicule un message fort auprès de vos clients et de vos acheteurs, surtout si ces derniers n'ont pas encore vu vos produits. La police de caractères, la couleur et le motif racontent chacun une histoire.

Les éléments à prendre en compte quand vous créez un logo :

- ✖ *Voulez-vous combiner graphisme et typographie ? Pour vous aider à réaliser votre logo, faites appel à un bon graphiste ou directeur artistique. Donnez-lui le plus de renseignements possibles et des indications précises.*
- ✖ *Voulez-vous que le logo s'accompagne d'un visuel qui puisse être utilisé de manière autonome, sans le nom de la marque ?*
- ✖ *Voulez-vous simplement un traitement typographique ?*

La lisibilité

- ✖ *Votre logo doit résister à l'épreuve du temps.*
- ✖ *Voulez-vous un logo moderne, rétro ou classique ?*
- ✖ *Chaque police de caractères évoque un style différent au lecteur. Les polices sans empattements sont jugées plus modernes, plus nettes et plus rapides à déchiffrer, alors que les polices à empattements, souvent utilisées dans la presse et les flyers, conviennent mieux aux textes longs.*

Exemples de police

Avant de vous prononcer sur un logo précis, vérifiez plusieurs points :

- ✖ *Traduit-il l'image et l'orientation de la marque ?*
- ✖ *Est-il compréhensible et lisible ?*
- ✖ *Est-il atemporel ?*
- ✖ *Est-il adapté à une utilisation multi-supports : impression, broderie, positif / négatif ? Est-il lisible dans plusieurs formats ?*

Réalisez un guide d'utilisation du logotype

Faites réaliser une charte graphique en prévision du développement de votre activité pour que vos fournisseurs sachent utiliser votre logo de manière cohérente.

Exemple de guide d'utilisation d'un logotype

- ✖ *La couleur du logo est noire.*
- ✖ *Quand il est utilisé pour la signalétique et l'emballage, la taille du logo ne doit pas être inférieure à 1,27 cm.*
- ✖ *Quand il est utilisé pour le marketing et la publicité, le logo apparaît toujours dans l'angle inférieur droit, à 1,27 cm de chaque bord.*
- ✖ *Le logo ne devra jamais être visible sur l'endroit des vêtements, hormis sur les étiquettes papier et les autres supports de communication.*
- ✖ *La typographie d'accompagnement est Helvetica bold ; sa taille ne doit pas excéder la moitié de la taille du logo et ne doit pas être inférieure à un huitième de la taille du logo.*

LOGO

font: Helvetica Inserat Roman

fig.1

Étude de cas : Ed Hardy

Natif d'Avignon, Christian Audigier a très vite été attiré par le style et le mode de vie rock'n roll. La mode s'est vite imposée à lui comme moyen d'exprimer sa vision du monde au public. En janvier 2006, il lance sa ligne de vêtements Ed Hardy, une collection qui s'inspire de la jeunesse américaine, de la mode vintage, des stars hollywoodiennes et de la culture du motard tatoué, en particulier celle qu'incarnent les tatouages de Don Ed Hardy, le « parrain du tatouage ».

À l'âge de dix-neuf ans, Christian était déjà surnommé le « roi du jean » par le magazine *Sportswear International*, qui saluait l'inventivité de ses modèles, ses fêtes sophistiquées et son musée du Jean à Paris, qu'il avait fondé en hommage à ses stars préférées, comme Elvis Presley et Steve McQueen. Il s'installe aux États-Unis très jeune, monte sa boîte de consultant en free lance et travaille, entre autres, pour Levi's, Diesel, American Eagle Outfitters, NafNaf et Lee. Mais c'est quand il rejoint la marque Von Dutch qu'il acquiert une renommée internationale, en transformant une marque relativement inconnue en phénomène de mode mondial.

Après ce coup de maître, il se met en quête de nouveaux défis. « Quand j'ai vu tous ces gens tatoués dans les rues des villes californiennes, je me suis dit : "Pourquoi pas des tee-shirts avec des tatouages ?" » En faisant des recherches sur les artistes du tatouage, le nom de Don Ed Hardy s'impose à lui. « Je ne savais même pas s'il était encore vivant. Je l'ai contacté, il m'a rappelé, et voilà où nous en sommes aujourd'hui. »

Christian a réussi à convaincre Don Ed Hardy de lui vendre les droits en exclusivité de son catalogue de tatouages afin de pouvoir les reprendre sur des vêtements distribués dans le monde entier, utilisant son nom pour promouvoir la gamme. Il a acheté l'ensemble des archives de Hardy de façon à lancer un nouveau phénomène. Reprenant la stratégie gagnante de Von Dutch, Christian s'est attelé à développer une marque mondiale, comprenant ses propres magasins et d'autres sous licence. Il voit en Ed Hardy plus qu'une simple marque : c'est un mode de vie qui se décline dans une vaste gamme de produits.

Christian a toujours eu une approche charismatique et haute en couleurs de la mode, et sa stratégie promotionnelle exubérante lui réussit. Si le produit fait partie intégrante du succès de ses marques, Christian est convaincu que c'est en faisant porter ses vêtements à des célébrités qu'il a transformé sa marque en phénomène mondial.

Sa casquette de baseball très populaire incarne cette stratégie de guérilla marketing. En la portant à l'époque où les journalistes et les paparazzis les suivaient partout, Britney Spears et Justin Timberlake ont lancé la tendance. La fameuse casquette s'est vendue comme des petits pains lorsque les photos du célèbre couple sont sorties dans la presse.

Depuis, Christian a développé son carnet d'adresses, qui est considéré comme l'un des meilleurs, avec des noms comme Madonna, Kanye West, Mariah Carey, Heidi Klum, Mickey Rourke, Snoop Dogg et Chris Brown.

« Il faut promouvoir le produit ! » Telle est la devise de Christian. Et pour cela, celui-ci doit impérativement être porté par les bonnes personnes. Il admet qu'il est important de s'assurer que ses créations soient visibles et portées par des célébrités. Il sait que les paparazzis sont essentiels et que les frasques des stars peuvent faire écho au style de vie rock'n roll reflété par la marque Ed Hardy.

Il a également lancé sa propre société de gestion de marques, Audigier Brand Management Group. Hormis la sienne, ABMG supervise plusieurs marques, notamment The Same Guy et Crystal Rock. Ses marques se vendent via un réseau de distributeurs dans plus de 40 pays, et dans plus de 40 magasins sous licence Ed Hardy et Christian Audigier.

Christian Audigier a racheté les droits des œuvres de l'artiste-tatoueur Don Ed Hardy pour les imprimer sur des tee-shirts et des casquettes, avant d'étendre sa gamme à d'autres catégories de produits.

Chapitre 5 : Travailler à domicile ou prendre un atelier

Il est essentiel de réunir toutes les conditions d'un bon environnement de travail pour réussir. Beaucoup de stylistes démarrent leur activité en installant leur atelier dans leur chambre, pour des raisons à la fois pratiques et financières, ce qui rend d'autant plus nécessaire une bonne organisation. Ce chapitre étudie les avantages et les inconvénients propres à chacun des modes choisis : travailler à domicile ou prendre un atelier, et examine la manière dont votre espace de travail peut être perçu par les acheteurs et par la presse.

Travailler à domicile

Quand on démarre une activité, il est important de réduire ses frais fixes pour garantir une stabilité financière à son entreprise. Travailler à domicile permet d'économiser de l'argent. Cependant, avant de prendre cette décision, il est important de connaître les avantages et les inconvénients, afin que cela ne nuise pas à votre activité sur le long terme.

Les pour et les contre

Pour
Vous épargne les déplacements domicile / bureau. Vous fait économiser un loyer. Vous accorde un certain confort.

Contre
La partie professionnelle peut vite empiéter sur la partie privée. La coupure peut être difficile le soir et le week-end. Vous risquez d'être distrait.

Avez-vous l'espace adéquat ?

Avant de choisir de travailler chez vous, vous devez au préalable vous assurer que votre espace puisse se prêter à votre activité.

Évaluez la surface de travail dont vous avez besoin

Ceci dépendra du type d'activité que vous démarrez. Si vous comptez couper vos patrons et réaliser les prototypes vous-même, vous aurez besoin d'une surface importance pour travailler à plat. Si vous comptez commercialiser vos produits à partir de votre site Internet, un espace de stockage est indispensable. Assurez-vous qu'il ne prendra pas le pas sur la partie privée. Enfin, si vous avez l'intention de tout faire fabriquer à l'extérieur ou de sous-traiter, un simple bureau peut suffire.

Des stylistes au travail.

Aménagez-vous un espace de travail dédié

Dans la mesure du possible, aménagez-vous un espace de travail permanent. L'idéal est d'avoir une pièce à part, plutôt qu'un simple « coin travail », ne serait-ce que pour diminuer les risques de distraction. Il est important que vous puissiez vous isoler en fermant la porte.

Créez un espace modulable

Votre espace de travail est-il modulable ? Il est possible que vous soyez amené à transformer votre espace selon l'activité du moment. Cet espace pourra tour à tour faire office d'atelier, de showroom, d'espace de stockage ou de centre de distribution. Installez des meubles qui se déplacent facilement. Une fois que vous avez identifié votre espace de travail, prenez des mesures afin de trouver la meilleure configuration possible. Dessinez un plan de la pièce et indiquez l'emplacement des meubles et du matériel.

Installez un bon éclairage

Un espace mal éclairé peut avoir des effets néfastes sur le moral, provoquer des maux de tête et fatiguer les yeux. Choisissez un espace avec des fenêtres pour avoir un éclairage naturel. Un bon éclairage est nécessaire pour choisir la palette de couleurs de votre collection. L'éclairage du mur derrière l'écran de l'ordinateur réduit la fatigue visuelle et une lampe de bureau ajustable permet de modifier l'éclairage selon les situations.

Donnez une bonne impression

Votre espace de travail est révélateur de votre personnalité et de votre activité. Dans la mesure du possible, faites en sorte que votre bureau soit un espace facile d'accès et proche de l'entrée. Si vous jugez que votre espace de travail ne se prête pas aux visites, donnez rendez-vous à vos clients à l'extérieur et pensez à louer des salles de réunion ou des espaces de showroom quand vous en avez besoin.

L'organisation de l'espace

Quel que soit l'espace de travail dont vous disposez, essayez d'en faire le meilleur usage possible.

Soyez logique

Essayez de créer un espace de travail le plus efficace et souple possible. Vous devez connaître l'emplacement de chaque chose. Les outils que vous utilisez le plus doivent toujours rester à portée de main, comme le téléphone, l'ordinateur et la machine à coudre.

Soyez ordonné

Comme vous aurez besoin de passer d'une tâche à une autre plusieurs fois par jour, organisez votre espace de travail en conséquence. Pensez éventuellement à étiqueter les tiroirs et vos dossiers. À la fin de la journée, rangez votre espace de travail de manière à être immédiatement opérationnel le lendemain.

Aménagez un espace de stockage

Prenez le temps de réfléchir à l'aménagement d'un espace de stockage. Les étagères murales sont pratiques pour ranger vos fournitures et vos dossiers. Pensez également à vous équiper de tiroirs pour ranger les garnitures ainsi que les boutons et les fermoirs. Vous présenterez vos prototypes sur des portants.

Aménagez-vous un espace qui vous permettra d'être à la fois créatif et productif.

Réfléchissez à un espace multifonctionnel

Si vous manquez d'espace, achetez des meubles et du matériel qui peuvent remplir plusieurs fonctions, comme une imprimante tout-en-un, qui fasse à la fois scanneur et photocopieur, un meuble de rangement qui serve aussi de surface de travail, ou pensez aux meubles montés sur roulettes.

Mettez de l'ordre

Séparez-vous de tous les objets inutiles, et notamment de tout ce qui pourrait vous distraire, comme la télévision. Pour autant, ne vous privez pas de ce qui pourrait stimuler votre imagination et votre créativité.

Les détails pratiques

Certains détails pratiques sont à prendre en compte pour pouvoir exercer son activité à domicile.

Forme juridique et assurance

Vous êtes légalement tenu de signaler à votre propriétaire ou à votre banque de prêt que vous travaillerez à domicile et qu'une partie de votre habitation sera utilisée à l'exercice d'une activité commerciale. Ce changement partiel d'affectation peut entraîner des modifications des contrats d'emprunt ou du bail : il existe des emprunts immobiliers spécifiques pour les locaux à usage mixte. Vérifiez également le contrat de votre assurance habitation, car elle ne couvre probablement pas le travail à domicile. Si vous avez l'intention de recevoir des clients ou des professionnels chez vous, il vous faudra souscrire à une assurance complémentaire. Une assurance en responsabilité civile professionnelle qui prend en compte le travail à domicile couvre :

- Les biens de votre entreprise.
- La garantie responsabilité des produits et personnes.
- Les frais juridiques.
- Une garantie contre l'interruption d'activité.

Vous pouvez également souscrire à d'autres options :

- Une assurance habitation, qui couvre les dommages causés à la fois dans la partie privée et dans la partie professionnelle.
- Une assurance de biens et habitation, qui couvre les biens qui se trouvent à votre domicile en cas d'accident.
- Une assurance sur les biens personnels, qui couvre vos biens, même s'ils se trouvent en dehors de chez vous.
- Une assurance multirisque sur le matériel et les biens de l'entreprise, qui couvre la perte accidentelle et les dommages du matériel de bureau.
- La panne de votre ordinateur, qui couvre la panne, mais aussi la perte ou l'endommagement des données informatiques.

Source : *www.theaa.com*

Dans certains cas, il est recommandé d'assurer le matériel et les objets de valeur. Vous pouvez inclure la totalité de ces biens ou certains d'entre eux seulement dans votre assurance habitation. Si vous avez du matériel de valeur et que vous stockez de la marchandise, vous pouvez prendre davantage de mesures de sécurité. Plus vous prenez de garanties, plus la cotisation mensuelle sera intéressante.

Santé et sécurité

Vous êtes juridiquement responsable de votre santé et de la sécurité de vos employés et des personnes qui viennent sur votre lieu de travail. Étudiez la législation. Commencez par observer quelques règles simples pour faire de votre lieu de travail un espace sûr. Vérifiez que votre espace de travail est confortable, et que les fils et les câbles ne traînent pas partout. Prenez le temps de faire un état des lieux pour évaluer les risques et les dangers potentiels.

Rappel :

Vérifiez que vous êtes bien en règle en matière d'assurance, de santé et de sécurité. Apprenez à bien dissocier le travail de la vie privée. Si vous vivez avec d'autres personnes, veillez à ce qu'elles respectent votre espace professionnel.

Prendre un atelier

La décision de prendre un atelier ou un bureau n'est pas anodine, même si tôt ou tard, pour développer votre activité, il vous faudra certainement songer à trouver un espace distinct de votre domicile.

Les pour et les contre

Pour
Un environnement de travail flexible ; la séparation de la vie et du travail ; une adresse professionnelle pour votre activité.

Contre
Les frais qu'implique un atelier; l'engagement financier du bail.

Identifier ses besoins

Avant de commencer à chercher un local, établissez des critères précis pour mieux cibler votre recherche. Voici les points essentiels à prendre en compte :

La fonction
Faites une liste des principales activités de votre entreprise. Le local que vous comptez prendre doit permettre l'exercice de toutes ces activités. Si c'est un petit espace, demandez-vous si vous pourrez modifier sa configuration pour recevoir vos clients.

L'emplacement
Plusieurs éléments sont à considérer :

- Le temps de trajet entre l'atelier, votre domicile et les locaux de vos clients ou de vos fournisseurs.
- Le temps de trajet pour vos clients.
- Les moyens de transport et la présence de parkings.

Le budget
Votre budget doit être réaliste. Outre le prix du loyer ou le montant des mensualités si vous faites un emprunt, vous devrez aussi tenir compte :

- Des frais d'installation pour organiser votre espace de travail.
- Des frais annexes d'entrée dans les lieux : taxe professionnelle, assurance, charges d'entretien et dépôt de garantie.
- Des frais de fonctionnement : gaz, eau, électricité, téléphone, Internet et entretien.

La superficie
Limitez-vous au strict minimum. Mais ne choisissez pas un lieu trop petit. Assurez-vous d'avoir suffisamment d'espace pour faire travailler des employés, même occasionnellement.

Les installations sanitaires
Pensez aux installations sanitaires, comme les toilettes et un coin cuisine.

La créatrice Karen Walker au travail dans son studio.

L'isolement
Il est conseillé de bien choisir l'emplacement de son atelier, pour qu'il ne vous coupe pas trop du monde extérieur (à moins que ce soit précisément ce que vous recherchez).

La sécurité
Les ateliers les plus abordables ne sont pas forcément situés dans les quartiers les plus agréables. Pensez aux questions de sécurité.

Les types d'espace

On trouve de nombreux types d'espaces. Choisissez celui qui convient le mieux à votre activité.

Les espaces de travail individuels
Il peut s'agir de simples locaux, de bureaux ou d'ateliers industriels. Il y a souvent une marge de négociation possible pour fixer le prix du loyer et établir le contrat du bail.

Les ateliers dans un centre d'affaires et de domiciliation
Le loyer mensuel inclut généralement toutes les charges, la taxe professionnelle et l'accès à certains services. La proximité d'autres sociétés de création peut être stimulante. En règle générale, l'endroit est bien sécurisé et les formalités administratives sont comprises, mais les loyers sont souvent plus élevés.

Les ateliers en colocation
Si vous trouvez le local dont vous rêvez mais que celui-ci est un peu trop grand et trop cher, vous pouvez partager l'espace avec d'autres entreprises. Demandez à un avocat d'établir un contrat pour chaque locataire et de rédiger un règlement intérieur.

La flexibilité est essentielle pour trouver le bon espace. Vous aurez sans doute besoin d'entreprendre des tâches diverses, de la conception des modèles aux rendez-vous avec les acheteurs, en passant par les séances photo, comme on peut le voir ci-dessus.

Comment trouver un local

Il existe différents moyens pour trouver un atelier.

- ***Le bouche-à-oreille :*** Demandez à votre entourage.
- ***Les chambres de commerce et les chambres de métier :*** Éditent des listes de locaux disponibles.
- ***Les agences immobilières :*** Spécialisées en locaux professionnels et commerciaux.
- ***Internet :*** Vous trouverez de nombreux sites spécialisés.
- ***Les centres d'affaires :*** Ont souvent une liste d'attente où vous pouvez vous inscrire.
- ***Les petites annonces :*** Chez les commerçants, sur des sites de mode.
- ***En flânant :*** Regardez les panneaux « À louer » sur les façades ; discutez avec des propriétaires de locaux commerciaux.

Avant l'entrée dans les lieux

Une fois que vous avez trouvé l'espace idéal, certains facteurs sont à prendre en compte avant la signature définitive du contrat :

- Négociez avec le propriétaire : est-il possible d'avoir une réduction sur le loyer ou une période de franchise pour aménager l'atelier ?
- Renseignez-vous sur votre propriétaire et discutez-en avec d'autres locataires.
- Demandez à votre avocat de relire le contrat de location. Quelle est la durée du bail et quelles sont les clauses de résiliation ? Pouvez-vous le modifier à votre avantage ?
- Vérifiez quelles sont les charges incluses dans le loyer (eau, électricité, etc.).

Vérifiez tous ces points et comparez le montant du loyer avec celui d'autres locaux proposés dans le quartier.

Étude de cas : no added sugar

Deborah Medhurst a fondé la marque de prêt-à-porter pour enfants no added sugar en 2001, après une carrière dans la nuit londonienne au Pushca. Deborah a créé no added sugar après la naissance de son premier enfant, car elle trouvait le marché de la mode enfant dénué d'« esprit, de couleurs audacieuses et d'originalité. Au début, je voulais seulement m'amuser, m'occuper l'esprit et gagner un peu d'argent. » Deborah a d'abord créé quinze prototypes de tee-shirts avec des slogans différents imprimés puis sillonné la capitale anglaise pour les proposer à sa liste de magasins. Ils ont accueilli chaleureusement ses vêtements : 300 pièces environ ont été commandées et le passe-temps de Deborah est vite devenu un « nouveau bébé dont il faut s'occuper 24 h / 24 » !

« Ce marché est saturé. Tout créateur doit avoir une identité claire et bien comprendre le marché. Le produit est toujours le roi ; sans un bon produit, rien ne se passera. » Les quatre premières années, elle a principalement produit des tee-shirts ; ce n'est qu'en automne / hiver 2007 que la marque a lancé sa première collection. Aujourd'hui, no added sugar propose des collections complètes pour garçons et filles de trois mois à douze ans.

Les premières gammes furent produites en Angleterre. Mais la première année, leur volume augmenta tant que la confection fut établie au Portugal, où 70 % de la gamme sont encore produits aujourd'hui. Si Deborah affirme « ne pas être experte dans l'art de se constituer un réseau », elle reconnaît que ses contacts ont compté dans le développement de sa marque. « Notre voisin Philip Start, de la boutique Start de Londres, a joué un grand rôle en nous donnant une formidable adresse pour la confection. »

Deborah a contacté sans succès une banque pour obtenir un emprunt à injecter dans son entreprise. Elle s'est donc tournée vers sa famille pour les 10 000 € qui lui manquaient. Elle trouve qu'il est important de « se cramponner à son entreprise. Au fil des années, plusieurs investisseurs nous ont approchés, mais nous avons refusé. » Pourtant, « lorsque le moment est venu de libérer le potentiel de la marque, reconnaît-elle, cela peut être nécessaire », mais il est important d'« avoir un objectif clair et d'avoir totalement confiance en ses partenaires ».

Hormis la vente en gros, no added sugar avait aus un petit service de vente par correspondance. « Les commandes étaie livrées par la poste. D'un sac, nous sommes passés à deux, puis trois et bientôt, ce service est devenu ingérable. » Peu après, Deborah a créé une boutique en ligne et « les ventes par correspondance ont triplé du j au lendemain ». La boutique en ligne demeure une part essentielle de l'activité de no added sug « Cela nous permet de nous tenir au courant des attentes des clients. Et, bien entendu, les marge sont nettement plus avantageuses, ce qui nous permet de développer nos campagnes de marketing. » Actuellement, no added sugar fait de la vente directe via son site Web et fournit des centaines de magasins dans le monde entier La prochaine étape consistera à ouvrir une boutic afin d'instaurer « une relation plus privilégiée encore avec [ses] clients ».

À ses débuts, l'entreprise n'avait pas de véritable orientation en matière de communication. Les journalistes qui se penchaient sur la marque les approchaient directement. « Étant issus du milieu de la nuit, où la promotion est essentielle, explique Deborah, nous pensions être tout à fait capables de nous charger du marketing, et encor aujourd'hui je m'en occupe. » Cependant, il lui est apparu que le commerce en ligne / direct nécessitait des aptitudes différentes, et elle s'en est donc « remise les premiers temps à une ager de marketing, jusqu'à ce que la communication s organisée en interne ».

D'après Deborah, diriger une marque de mode exige que l'on soit passionné, intuitif, sûr de soi, enthousiaste, accessible, indépendant, conscient des coûts et capable de travailler énormément. Une bonne partie du succès de no added sugar e due à l'originalité et à la qualité des produits, pen t-elle, mais aussi au fait qu'ils savent prendre des risques lorsque c'est nécessaire. Valoriser le clien est également essentiel.

no added sugar crée vêtements pour enfa audacieux.

Chapitre 6 : Être touche-à-tout ?

Quand on dirige sa propre entreprise, on doit être capable de remplir plusieurs fonctions à la fois. Dans l'industrie de la mode, outre les affaires quotidiennes, certaines tâches sont spécialisées. Il est donc nécessaire que vous déterminiez le nombre de fonctions que vous pouvez remplir et celles que vous devrez déléguer. Si vous devez faire appel à d'autres personnes, il faudra vous familiariser avec le Code du travail et les techniques d'embauche. Ce chapitre passe en revue les principales fonctions qui interviennent dans la chaîne logistique.

La chaîne logistique

Les étapes du processus d'élaboration d'un produit font intervenir différentes fonctions et professions. Ce processus est connu sous le nom de « chaîne logistique » (voir pages 18–19). La réussite de votre activité repose beaucoup sur la façon dont vous la gérez. La chaîne logistique se décompose en quatre grands moments : la recherche du marché et des tendances ; la création ; la production ; la vente et la distribution. Chacune de ces quatre étapes fait intervenir plusieurs métiers, avec des responsabilités variables. Ce tableau répertorie les principaux métiers de la mode et montre à quel moment ceux-ci interviennent dans la chaîne logistique.

Les fonctions clés des différentes étapes de la chaîne logistique

Étape 1 Recherche de tendances	*Étape 2* Création	*Étape 3* Production	*Étape 4* Vente et distribution
Chasseur de tendances	Créateur	Chef de produit	Directeur des ventes
Créateur	Acheteur	Acheteur	Merchandiser
Acheteur	Merchandiser	Merchandiser	Approvisionneur distributeur
	Patronnier	Créateur	RP / responsable communication
	Modéliste	Patronnier	Photographe de mode / styliste photo
	Mécanicien modèle	Gradeur	Journaliste de mode
		Mécanicien modèle	Directeur commercial
		Contrôleur qualité	Vendeur

Image de David Hardy.

Chacune de ces fonctions est essentielle pour assurer la livraison d'un produit de qualité à son juste prix, au bon moment et au bon endroit. Vous devez très vite déterminer les fonctions que vous serez capable d'assumer vous-même et celles que vous devrez déléguer. Plus tôt vous serez capable d'identifier vos besoins, plus vite vous pourrez faire vos prévisions.

Même si certaines professions peuvent figurer à plusieurs étapes de la chaîne, nous avons choisi de les référencer là où elles interviennent le plus. Ainsi, même si les modélistes participent à la phase de création, ils interviennent davantage à l'étape 3 (production). C'est donc sous cette rubrique que leur profil est décrit.

Étape 1 : la recherche des tendances

La mode suit les tendances, il est essentiel de cerner celles qui intéressent votre clientèle cible, de pouvoir identifier les grands courants de la mode, et de développer un produit en fonction de ces critères (voir chapitre 8). Les grands détaillants font souvent appel à un chasseur de tendances (comme WGSN ou Doneger) ou ont accès aux derniers cahiers de tendances publiés par des bureaux de style.

Le chasseur de tendances :

- Observe le marché, visite les salons professionnels, assiste à des défilés, fait des recherches sur Internet.
- Conseille les stylistes sur les couleurs, les tissus et les coupes, et analyse les comportements sociaux qui ont une influence sur la mode.
- Connaît bien la mode et son histoire, mais a aussi une bonne perception du comportement des consommateurs.

Étape 2 : la création

Que vous soyez ou non le styliste de votre marque, il est nécessaire d'envisager votre produit de plusieurs points de vue. Efforcez-vous de trouver un équilibre entre la dimension artistique et la part commerciale en étudiant le produit du point de vue du résultat des ventes de la saison passée. Deux pièges sont à éviter : la création d'un produit très sophistiqué, mais sans attrait commercial, ou au contraire celle d'un produit trop inspiré des ventes des saisons passées et qui, par conséquent, n'offre pas quelque chose de suffisamment original ou de différent.

Essayez de vous mettre à la place des acheteurs qui travaillent dans les magasins que vous ciblez et des clients qui porteront le vêtement que vous avez créé.

Les patronniers, les modélistes et les mécaniciens modèle interviennent à ce stade de la création pour effectuer les mises au point techniques de la création des prototypes.

Le styliste :

- Est à l'affût des nouvelles tendances, visite les foires du textile et les salons professionnels. Il se tient également informé des médias, de l'actualité musicale et d'autres phénomènes culturels et sociaux.
- Crée des story-boards et des gammes de produits.
- Dessine les fiches techniques pour le prototype et calcule le prix de revient des modèles.
- Sélectionne les tissus et les fournitures.
- Travaille avec les patronniers et les modélistes.
- Valide les prototypes.
- Visite les façonniers.

À gauche
Les chasseurs de tendances explorent une diversité de lieux et visitent les salons pour cerner les tendances d'aujourd'hui et de demain.

À droite
Les fiches techniques qui ont été punaisées sur les murs de l'atelier de la marque Schumacher représentent une étape clé de la phase de création des vêtements.

L'acheteur ou responsable des achats :

- Est responsable du plan des collections de chaque saison.
- S'informe des tendances, analyse les ventes et prospecte.
- Tient régulièrement des réunions avec les responsables commerciaux.
- Gère le budget annuel.
- Fixe les critères pour les fournisseurs, dont le calcul des coûts.
- Veille au respect des délais de fabrication et de livraison.
- Fixe les délais d'éxécution et d'approvisionnement du produit en magasin.

Le merchandiser :

- Travaille avec l'équipe des achats pour prévoir les collections des saisons à venir, à partir d'une analyse du chiffre des saisons passées.
- Est en charge de la présentation des produits en magasin.
- S'assure que les marges bénéficiaires sont atteintes et veille à l'écoulement du stock.
- Est souvent responsable d'un budget important.
- Gère la chaîne logistique, contrôle l'approvisionnement et gère les relations avec les fournisseurs.
- Travaille en étroite collaboration avec le service de la distribution.

Le modéliste :

- Transforme les croquis du styliste en patrons qui serviront à la fabrication des prototypes. Les patrons seront également utilisés pour la confection.
- Rédige les fiches techniques et les notices de taille (patronage et gradation).
- Réalise un premier patron sur papier, puis une toile à plat, sur lequel il porte toutes les indications nécessaires au montage.
- Décalque les patrons papier sur un carton dur.
- Fabrique le patron à la main ou utilise un logiciel de DAO (dessin assisté par ordinateur).

Le mécanicien modèle :

- Est en charge du suivi des prototypes, évalue la qualité du tissu.
- Utilise ses savoir-faire techniques en matière de confection.
- Apporte un soutien technique aux fournisseurs.
- Travaille avec les fournisseurs pour s'assurer que les normes de production sont respectées.
- Organise des tests de matières et coordonne les rapports.

Étape 3 : la production (la chaîne de fabrication)

Si vous vous chargez vous-même de la fabrication de vos produits, assurez-vous d'avoir les compétences requises pour produire des articles de qualité. En sous-traitant les opérations de production, sachez que vous serez moins bien placé pour négocier avec les fabricants, à moins de faire appel à un chef de produit pour s'occuper du suivi.

La chaîne de fabrication est une étape qu'il faut suivre de près. Après avoir consacré beaucoup de temps à mettre au point les prototypes de votre première collection, vous comprendrez vite qu'il vous faudra partager votre temps entre le suivi de la production et des ventes d'une saison et la réalisation des prototypes de la collection de la saison suivante. Beaucoup de petites maisons de mode vivent l'étape de la production comme un cauchemar.

La réalisation d'un vêtement est un processus technique qui fait intervenir plusieurs métiers, tels que les modélistes (ci-dessus), les mécaniciens modèle (en haut, à droite) et les ouvriers d'atelier (en bas, à droite).

Par conséquent, ne vous étonnez pas si vous passez le plus clair de votre temps à occuper la fonction de chef de produit (voir chapitre 10).

Le chef de produit :

- Est responsable du suivi du prototype et du cycle de production.
- S'assure que le produit est conforme au budget et livré dans les délais.
- Recherche les fabricants s'ils ne travaillent pas en interne, et négocie les prix.
- Travaille avec l'équipe du service des ventes pour calculer les quantités à produire.

Le mécanicien tissu :

- Assure le suivi et le contrôle des matières textiles pendant la production.
- Travaille avec les stylistes pour s'assurer que les tissus répondent aux attentes du produit selon trois critères : la qualité, la performance et le prix.

Le contrôleur qualité :

- Fixe les critères internes de qualité du produit.
- Contrôle et fait appliquer les procédures de qualité.
- Prend les mesures des vêtements et vérifie leur conformité aux patrons.

Le patronnier-gradeur :

- Réalise les modèles en taille de base.
- Établit les tailles d'un vêtement à partir d'un modèle standard.
- Travaille avec les modélistes et les stylistes.

Le mécanicien modèle :

- Utilise les machines à coudre industrielles.
- Contrôle et fait appliquer les procédures de qualité.
- Exécute les finitions pour un rendu parfait.

Étape 4 : la vente et la distribution

Une fois que vous aurez effectué vos études de marché, que vous aurez un bon aperçu des tendances de la saison à venir, conçu et réalisé les prototypes de votre collection, et vérifié que la chaîne de fabrication est en place, vous pourrez aborder la phase de la vente de vos produits. Les fonctions que vous déciderez d'assumer vous-même pourront varier en fonction de votre stratégie, à savoir si vous décidez de vendre au détail et / ou en gros. Quoi qu'il en soit, que vous vendiez votre collection en vous chargeant vous-même de la communication et du marketing en interne, ou que vous fassiez appel à une agence de relations publiques (voir chapitre 12), vous devez mettre au point une stratégie de communication forte (voir chapitre 11). Les stylistes photo, les photographes et les journalistes sont là pour donner une visibilité à votre marque et à vos produits, condition nécessaire pour augmenter leur volume de ventes et réinvestir ensuite dans votre entreprise. Même si vous avez l'intention de déléguer ces tâches à des professionnels, vous devez mettre au point une politique de communication pour capter l'attention du public.

Même si vous ne disposez pas de votre propre boutique, il est important que vous mettiez en place un argumentaire de vente de vos produits pour les responsables et les vendeurs des magasins qui représenteront votre marque. C'est souvent par leur intermédiaire que votre clientèle entre pour la première fois en contact avec vos produits.

Le responsable commercial :
- Gère les budgets.
- Construit et coordonne les réseaux de relations.
- Fixe les objectifs de vente.
- Enregistre les commandes et gère les livraisons et les retours clients.
- Définit les relations clients pour les showrooms et les catalogues.
- Choisit à quelles expositions et manifestations promotionnelles participer.
- Est chargé de la distribution des prototypes, de la liste des prix et des catalogues.

L'approvisionneur :
- Assure les commandes et les livraisons pour les magasins, en vérifiant les tailles et le nombre d'articles.
- Court après les fournisseurs pendant le cycle de production.
- Vérifie les stocks et calcule le réassort.

Le responsable communication et marketing :
- Fait la promotion de la marque et de ses produits, au moyen de la publicité, des relations publiques, de la promotion des ventes, de la vente personnelle, du merchandising visuel et de l'Internet.
- Développe et entretient un réseau de relations avec les photographes, les journalistes et les rédacteurs de magazines.
- Élabore et organise les manifestations liées à la marque comme les défilés, les séances photo et les déjeuners de presse.

Le styliste photo :
- Crée la présentation visuelle d'un défilé, mais aussi des images, comme les photographies utilisées dans les catalogues, les campagnes publicitaires, les sites Internet et les magazines de mode.

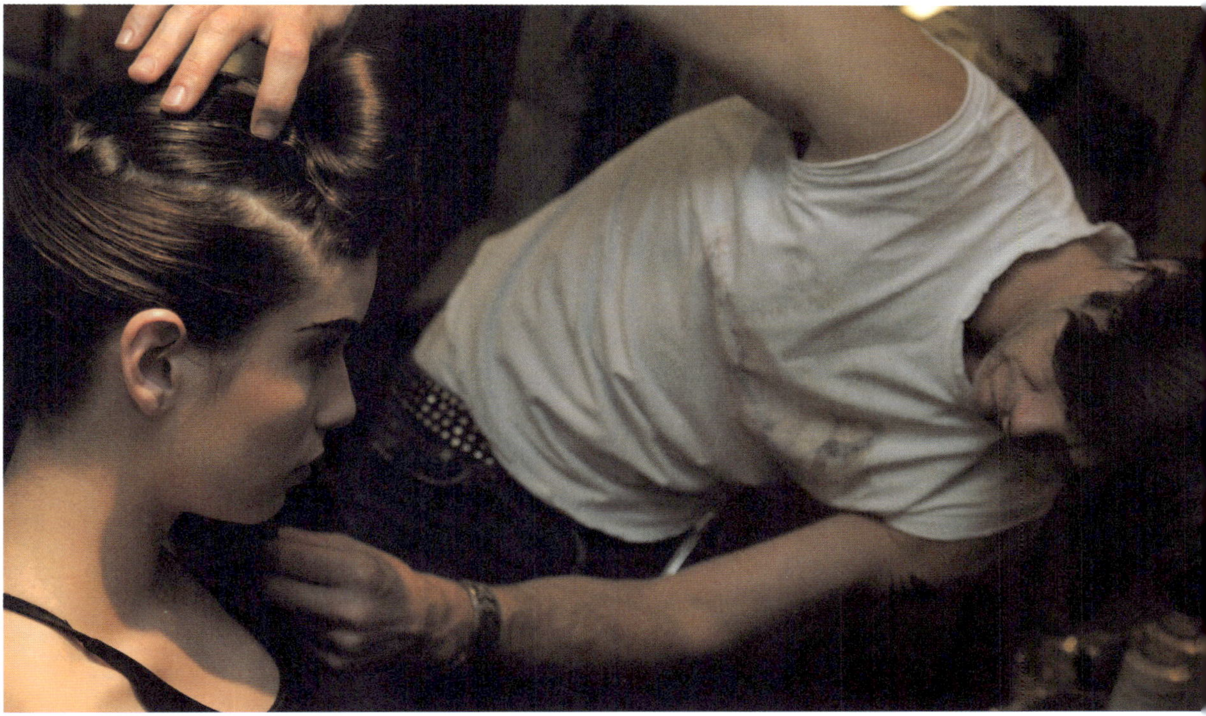

Le styliste photo joue un rôle important dans la présentation visuelle générale de la collection, que ce soit pour un défilé, un catalogue ou une campagne de publicité.

Le journaliste de mode :

- Analyse et / ou fait la promotion d'articles de mode.
- Recense l'état du marché et les tendances de mode.

Le responsable de magasin :

- Développe et gère l'activité d'un magasin ou d'un rayon.
- Recense l'état du marché et les tendances de mode.

Le vendeur :

- Est le « visage » du magasin. Il est responsable de la promotion et de la vente directe des produits au client.
- Est l'intermédiaire avec le client (quel que soit le secteur, l'interaction avec le client est essentielle et les vendeurs qui travaillent avec des produits haut de gamme devront adopter une approche très personnalisée).

La clé du succès est de savoir à la fois prendre en charge les fonctions que vous maîtrisez le mieux et déléguer les autres tâches à des professionnels. Si vous pouvez assumer plusieurs rôles vous-même, vos frais seront moins importants, mais ne vous dispersez pas non plus. À long terme, il peut être plus rentable de recruter des personnes qualifiées pour occuper des fonctions précises.

EXERCICES

1 *Déterminez le nombre de fonctions que vous pouvez assumer seul. Établissez une liste des tâches que vous devrez sous-traiter.*

2 *Les écoles de mode sont un vivier de jeunes talents. Lisez les rubriques emploi des magazines spécialisés pour avoir une idée des salaires et tarifs pratiqués pour chaque profession.*

Embauche et licenciement

Le patron d'une entreprise doit savoir recruter les bonnes personnes, gérer son équipe et licencier ceux ou celles qui ne conviennent pas à la fonction. Si vous êtes sans expérience dans ce domaine, cette tâche peut s'avérer très délicate. Même si vous êtes débordé, prenez le temps de choisir le bon candidat au poste que vous cherchez à pourvoir. Une erreur de recrutement peut être fatale à une petite entreprise. L'entretien d'embauche sera l'occasion de vous assurer que vous embauchez la bonne personne pour le poste.

Conseils pour un entretien de recrutement

Charlotte Kramer – *Directrice des ressources humaines (DRH)*

LES QUATRE GRANDS PRINCIPES

Préparez l'entretien
Avant l'entretien, lisez attentivement le CV du candidat et préparez une liste de questions.

Soyez professionnel
En tant que représentant de votre entreprise, il est important que vous soyez à l'heure à l'entretien. N'oubliez pas que le candidat se demandera aussi s'il a envie de travailler dans votre entreprise. À l'issue de la période des entretiens, informez le candidat de votre décision.

Soyez efficace
Expliquez au candidat comment va se dérouler l'entretien. Commencez par une brève présentation de l'entreprise et de la mission. Définissez le profil que vous recherchez, en précisant bien les responsabilités et les objectifs. Dites aussi un mot sur la composition de l'équipe. Posez une série de questions pertinentes, puis encouragez le candidat à vous en poser.

Sondez votre candidat
Adoptez une technique de questions ouvertes : « Parlez-moi du moment où vous avez... » et « Donnez-moi un exemple de... ». Examinez en détail ses expériences professionnelles, ses domaines de compétence et ses qualifications. Essayez de cerner ses éventuels points faibles et les savoir-faire à développer : « Dites-moi quels aspects vous souhaiteriez développer. »

Motivez vos employés

Quand vous avez enfin trouvé les personnes dont vous avez besoin, vous devez les motiver. Une petite entreprise de mode ne peut pas se permettre de payer quelqu'un à ne rien faire. Vous devez vous constituer une équipe ambitieuse et impliquer vos collaborateurs dans le développement de l'entreprise. Essayez de créer un environnement favorable à l'épanouissement de vos employés. Cela suppose de prendre en compte plusieurs facteurs :

- ***Soyez attentif :*** Attention à ne pas vous laisser absorber par la gestion quotidienne de l'entreprise. Observez comment se comportent vos employés et restez à l'écoute.
- ***Adoptez un système d'évaluation :*** Tout le monde désire savoir comment son travail est perçu. La création d'un système d'évaluation constructif vous permettra d'avoir un forum de discussion pour échanger les points de vue sur le travail de chacun. Pour la première année, il est conseillé de le faire régulièrement, sur une base mensuelle, trimestrielle, semestrielle et annuelle. Vous pouvez produire un rapport annuel résumant les évaluations.
- ***Proposez des formations et une perspective d'évolution :*** Réfléchissez à des moyens d'offrir des formations professionnelles aux employés qui désirent compléter leur savoir-faire.
- ***Créez une ambiance de travail collaborative et conviviale :*** Dans une petite entreprise de création, l'ambiance de travail est capitale. Si certaines personnes trouvent leur compte dans un environnement dictatorial, on a généralement besoin d'un espace pour s'exprimer. Un indicateur du succès de l'entreprise est la productivité de votre personnel, mais aussi sa loyauté. Une petite entreprise de mode ne peut pas se permettre d'enregistrer un gros turn-over, même si vous devrez parfois vous séparer de certains employés. La perspective de licencier quelqu'un n'est jamais agréable, surtout quand vous risquez d'être traîné aux prud'hommes pour licenciement abusif. Il est important de bien respecter les procédures de licenciement.

Que faire quand on envisage de se séparer d'un employé ?

Charlotte Kramer – *Directrice des ressources humaines (DRH)*

- *Constituez un dossier avec des cas d'insuffisance professionnelle. Faites le point avec votre employé et étudiez avec lui comment remédier à ces difficultés. Rédigez un rapport écrit à l'issue de l'entretien faisant état des solutions envisagées.*
- *Envisagez des solutions pour améliorer la situation : formations complémentaires, cours de perfectionnement, meilleur encadrement, nouvelle répartition des tâches.*
- *Conformez-vous à la législation du droit du travail (mesure disciplinaire, procédure de licenciement et indemnité).*
- *Envisagez de lui confier d'autres tâches au sein de l'entreprise.*
- *Ne soyez pas malhonnête avec votre employé.*
- *Agissez avec tact.*

Étude de cas : Gil Carvalho

À l'automne 2003, à l'âge de vingt-sept ans, le créateur de chaussures portugais Gil Carvalho a fondé Carvalho Concept Ltd, une marque de chaussures haut de gamme pour femmes. Il a fait ses études au Cordwainers College, un département du London College of Fashion, et est diplômé d'une maîtrise de Design, Marketing and Product Development.

Après un bref passage chez Vivienne Westwood, Gil a manifesté l'envie de créer sa propre marque. « Ce qui a motivé mon désir de créer ma propre entreprise est de pouvoir contrôler toute la chaîne de fabrication de mon produit, du concept à la production. » À l'aide de quelques proches, il a monté sa première collection de prêt-à-porter, en même temps qu'une collection conceptuelle qui visait à faire rimer le nom de Gil Carvalho avec chaussures de luxe.

La première collection de Gil a été entièrement autofinancée. Elle comprenait douze modèles, chacun en trois coloris, à des prix allant de 150 € à 1 200 €. Gil a très vite connu le succès, mais il a dû néanmoins attendre trois ans avant de rentrer dans ses fonds.

La définition de son marché cible a été déterminante pour Gil, pour élaborer à la fois sa stratégie de vente et de fabrication. « Les chaussures de luxe pour femmes sont synonymes de fabrication italienne, j'ai donc très vite compris que je n'avais pas vraiment d'autre choix que de les faire fabriquer là-bas. » Il a ensuite décidé de cibler le marché anglais, mais devant le succès international de ses chaussures il commence à briguer les marchés américain et italien.

La stratégie commerciale de Gil passe surtout par la vente aux professionnels et, même s'il compte un jour ouvrir ses propres points de vente, il est encore trop tôt pour investir dans une boutique. Souhaitant se positionner sur un marché international, il a présenté ses produits à plusieurs salons professionnels et a arrêté son choix sur trois événements : Micam à Milan, WSA à Las Vegas et Première Classe à Paris. Pour des raisons financières, il a préféré limiter son choix aux salons les plus importants. Aujourd'hui, il effectue la plus grande partie de ses ventes à l'export.

Pour Gil, la promotion est un élément essentiel du succès d'une marque de mode, avant la distribution et le prix. « Il ne faut jamais sous-estimer l'effet que peut avoir un bon directeur de communication. Dans la mode, les relations publiques sont fondamentales. Si c'est bien fait, le reste suit. » Selon lui, l'une des grandes difficultés pour trouver un bon RP est liée à « la saturation du marché et à la difficulté à attirer l'attention des professionnels. Trop souvent, les magazines, qui constituent la référence majeure pour le consommateur, se cantonnent aux marques déjà connues et accordent très peu d'attention aux talents émergents ».

Pour se faire connaître dans les grands médias, Gil a d'abord fait appel aux services d'une agence de communication, mais, très vite, il a créé son service de relations publiques. Ce choix lui a permis de réduire ses dépenses tout en s'assurant que la promotion du produit demeurait sa priorité. Il envisage aussi d'organiser des défilés pour promouvoir l'image de sa marque, mais il reconnaît que c'est risqué, car les chaussures « sont perçues comme un accessoire par rapport au reste de l'habillement. C'est un obstacle qu'il faut surmonter. » Il pense que la visibilité du produit est essentielle et que le podium est souvent l'un des meilleurs moyens pour faire connaître ses créations, car il permet de « présenter un produit plus original et plus conceptuel, qui attire l'attention sur ce que vous faites ». L'une des principales motivations de Gil : « Voir mes chaussures dans les magasins et étancher la soif des amateurs de chaussures en proposant des modèles d'exception ! Plus sérieusement, les opportunités qui se présentent quand les gens commencent à apprécier votre travail sont extrêmement importantes. Pour moi, la reconnaissance de quelqu'un d'établi dans la profession, et dont j'aime le travail, est ce qui me tient le plus à cœur. »

Pour toucher un public international, Gil expose et vend ses chaussures à des salons professionnels qui se tiennent à Londres, à Las Vegas, à Paris et à Milan.

Chapitre 7 : Connaître son marché

Trop souvent, les nouvelles marques tâtonnent pendant trois ou quatre saisons avant de réussir à bien identifier leurs clients et à trouver les distributeurs adéquats. Mieux vous connaîtrez votre marché, mieux vous serez assuré de la viabilité de votre produit. Il est donc essentiel de mener des recherches approfondies avant d'investir votre capital dans la fabrication de vos premiers modèles. Cette démarche est plus économique à long terme. Ce chapitre parcourt toutes les étapes qui vous permettront de mieux connaître votre marché.

Les études de marché

L'étude de marché vous permet de réunir et d'analyser des informations sur les acteurs du marché de votre produit et de vérifier que celui-ci répond aux attentes des clients que vous ciblez. Cette étape est indispensable pour le développement de votre activité. Les investisseurs et les banques voudront savoir quel type d'études de marché vous avez réalisé pour étayer votre projet. Il existe deux niveaux pour effectuer vos recherches : la recherche « secondaire » (la presse, les annuaires, les rapports, les livres) et la recherche « primaire », sur le terrain (les informations que vous obtenez grâce à des enquêtes et à des analyses). Cette dernière est plus ciblée et par conséquent plus utile.

Connaître sa clientèle

Beaucoup de jeunes créateurs proposent des produits à des prix qui dépassent le budget qu'eux-mêmes seraient prêts à mettre dans un vêtement et se contentent trop souvent de vagues suppositions sur la clientèle qu'ils visent.

Réunissez toutes les informations possibles sur le comportement d'achat de vos clients, ce qu'ils dépensent, ce qu'ils aiment et n'aiment pas. C'est à partir de ces renseignements que vous déduirez leurs besoins. Afin de vous familiariser avec votre clientèle, il est conseillé de passer du temps dans les magasins et les boutiques pour observer le comportement des consommateurs et analyser les produits qu'ils achètent. Une expérience professionnelle dans un magasin où vous souhaiteriez commercialiser votre produit peut s'avérer très utile. Si vous connaissez bien les habitudes d'achat et le budget habillement de votre cible, vous pouvez élaborer votre produit en fonction de ces critères. Vous pourrez vous faire une idée assez précise de ce qui, au point de vue des clients, manque à leur garde-robe. Si vous ne disposez pas de ces informations, étudiez vos concurrents, promenez-vous dans les quartiers des boutiques de vêtements et, éventuellement, soumettez un questionnaire aux passants.

Hall du salon de la mode Pure London.

Établir le profil de votre clientèle type

Critères démographiques	Comportement d'achat	Goûts et préférences
Profession ?	Où vont-ils faire leurs courses ?	Couturier ou marque préférés ?
Âge ?	Circonstances d'achat (motivation, période) ?	Quels magazines lisent-ils ?
Situation maritale ?	Suivent-ils les tendances ?	Quels journaux lisent-ils ?
Ont-ils des enfants ?	Sont-ils fidèles à une marque ?	Leurs célébrités préférées ?
Revenus annuels ?	À quoi l'achat est-il destiné ?	Ce qui leur déplaît le plus dans la mode ?
Lieu de résidence ?	Quel est leur rapport au corps (le montrer ou le cacher) ?	Qu'est-ce qui les fait rire ?
Où passent-ils leurs vacances ?	Quel est leur budget ?	Le type de musique qu'ils écoutent ?
Combien de vacances prennent-ils chaque année ?		
Taille vestimentaire ?		

EXERCICE

Créer un profil client

Répondez aux questions ci-dessus pour créer un profil de votre client idéal. Essayez de créer plusieurs profils différents, de façon à couvrir tous les angles possibles quand vous réaliserez vos études de marché et que vous ferez la promotion de votre marque. Posez-vous toutes les autres questions que vous pensez pertinentes.

Une fois que vous avez identifié votre client-type, assurez-vous qu'il est représentatif d'une population assez importante pour vendre votre produit. L'analyse d'autres marques ayant une offre similaire à la vôtre pourra vous éclairer sur ce point.

Analysez vos concurrents

La veille concurrentielle vous fera économiser beaucoup de temps et d'argent, car vous pourrez mettre à profit certaines données existantes. Si vous voyez que des produits semblables aux vôtres ont du succès, vous pouvez être sûr qu'il existe un marché pour votre gamme de modèles. Commencez par identifier vos concurrents avec précision.

Cette recherche vous permet d'accéder à la liste de leurs distributeurs : votre produit pourrait être apprécié par les mêmes revendeurs. En observant l'offre de vos concurrents, vous pouvez déterminer les éléments qui plaisent aux clients : type de modèle, coloris, longueur, imprimés, ornements, etc.
Et surtout, vous pourrez vous faire une idée du prix que votre clientèle est prête à payer pour certains produits (prix de lancement, prix moyen, prix fort).

Ne croyez pas que les responsables de magasins et les clients vont vous considérer de la même façon qu'une grande marque comme Gucci ou Ralph Lauren ; votre marque n'a pas l'histoire et l'identité dont jouissent ces géants du luxe. Même si vous n'en avez jamais entendu parler, il existe beaucoup d'autres marques qui ont du succès. Vous trouverez certainement

Les salons professionnels sont l'occasion de repérer ses concurrents.

des concurrents directs parmi ces marques, vous en tirerez sans doute bien plus d'enseignement qu'en étudiant les grandes marques établies.

Dans les salons professionnels, vous aurez l'occasion de voir qui sont les distributeurs des marques proches de la vôtre et d'observer leur stratégie de communication. Vous pourrez vous en inspirer pour bâtir votre plan d'affaires.

Attention, qu'une marque soit représentée dans des magazines de mode prestigieux n'est pas nécessairement le signe d'une bonne santé financière. Conduisez vos recherches avec méthode, et donnez la priorité aux marques qui exercent un attrait commercial et médiatique.

EXERCICE

Analyser ses concurrents
Choisissez un concurrent qui exerce dans votre créneau et procédez à une analyse FFPM de ses forces et de ses faiblesses (voir page 108). Demandez-vous comment votre marque pourrait remédier aux faiblesses et aux menaces.

Adaptez votre produit à votre marché

Qu'est-ce qui fait la spécificité de votre produit (voir chapitre 9) ? Identifiez les forces et les faiblesses de vos concurrents et réfléchissez à des solutions pour proposer un produit de meilleure qualité.

Avant de vous lancer, étudiez bien votre marché et identifiez ce qui existe déjà. Faites attention à ne pas proposer à un prix plus élevé un produit qu'on trouve déjà sur le marché. L'univers de la mode est impitoyable, et si le produit ou le prix ne sont pas correctement pensés votre marque est vouée à l'échec. Étudiez les solutions pour adapter votre produit aux besoins de votre clientèle et lui donner des avantages sur les produits concurrents.

Il est nécessaire de mettre au point un argumentaire de vente performant si vous voulez percer un marché et créer une activité viable. Étudiez surtout les marques bien établies ainsi que les nouvelles qui font beaucoup parler d'elles, il vous sera plus facile de déterminer les raisons de leur succès.

Trouver le prix juste

Le succès de votre marque dépend aussi de la politique de prix que vous choisissez d'adopter. L'analyse des produits de vos concurrents vous donnera une idée de leur politique de prix. Quel est leur prix minimum, leur prix moyen et leur prix maximum ? Comment se répartissent ces prix par rapport à leur offre de produits (voir chapitre 9) ? Le prix de vente se détermine également

La marque de prêt-à-porter féminin Noir a su adapter son produit à un marché émergent et en forte expansion en combinant mode éthique et création haut de gamme (voir page 20).

en fonction de la qualité du produit (finitions, détails et coupe). Si votre concurrent vend un haut en soie imprimé à 180 € et que vous proposez un article similaire, vous pouvez sans doute vous aligner sur son prix, à condition toutefois de vérifier que le produit en question se vende bien. Connectez-vous sur le site Internet de votre concurrent. Si ses produits sont distribués dans beaucoup de points de vente, c'est un signe de bonne activité.

Il faut que vous ayez une idée précise du prix que le client est disposé à payer pour un produit, qui pourra varier en fonction du profil de la clientèle. Ainsi, une robe de créateur proposée à 295 € trouvera un acheteur, mais la limite risque d'être atteinte si le prix dépasse 300 €. Le consommateur de produits de luxe pourra au contraire trouver que 300 € n'est pas un prix assez élevé pour rendre la robe suffisamment exclusive. En proposant un bon produit à un prix juste, vous mettez en place une politique de valeur qui s'appuie sur la loyauté et la satisfaction du client.

EXERCICE

Identifier la politique de prix d'un concurrent

Analysez la politique de prix de l'un de vos concurrents. Identifiez les prix minimum, les prix médians et les prix maximum. Ensuite, faites une liste des différents modèles proposés par votre concurrent et regardez les prix auxquels ils sont affichés. Calculez le nombre de modèles proposés à un prix bas et le nombre de modèles proposés à un prix élevé.

Le marketing et la communication

Le marketing et la communication sont essentiels au développement et au succès de votre entreprise (voir chapitre 12). Il est important de bien choisir ses supports de communication. Vous analyserez le type de journaux, de magazines et de sites Internet les plus fréquemment consultés par votre clientèle, et apprendrez à placer vos publicités à des endroits stratégiques. Sans ces informations, vos campagnes publicitaires et promotionnelles risquent de passer inaperçues et de n'avoir aucune retombée. Même si tous les créateurs rêvent de voir leur produit publié dans *Vogue*, sa parution dans *Elle* aura peut-être plus d'impact sur votre activité et vos ventes. Si c'est le cas, privilégiez vos relations avec les journalistes de *Elle*. De la même façon, il est inutile de consacrer trop de temps et d'énergie à l'organisation d'un défilé de mode si vous vous apercevez qu'il est plus rentable d'exposer lors des salons et d'organiser des déjeuners de presse.

Choisissez dès le départ les médias que vous souhaitez toucher. En effet, il est important que vous ayez une idée précise des magazines et des revues que lit votre clientèle. Vous pouvez téléphoner au service publicité des magazines de mode pour connaître le profil démographique de leur lectorat. Les magazines mettent ces informations à la disposition des annonceurs potentiels.

Les circuits de distribution

L'emplacement et le mode de présentation de votre produit sont essentiels.

Le mode d'accès de votre clientèle à votre produit est un paramètre essentiel de la manière dont votre marque et votre image seront perçues.

Tout dépend du canal de distribution que vous choisissez. Dans tous les cas, il faut savoir situer votre entreprise dans un circuit en prenant en compte les coûts générés par la distribution et la stratégie de communication. Pour élaborer votre stratégie de distribution, commencez par analyser les canaux utilisés par vos concurrents. Leurs sites Internet vous fourniront un historique et des informations détaillées sur le développement de l'entreprise.

Une fois encore, la veille concurrentielle vous donnera des indications sur les débouchés de votre produit. Si vous vendez à des professionnels, intéressez-vous aux expositions, aux salons et aux showrooms auxquels vos concurrents ont participé pour montrer leurs collections (sites des Chambres syndicales de couture), à leurs distributeurs (sites Internet de vos concurrents). Si une boutique a acheté leur produit, elle pourrait être intéressée par le vôtre.

Si vous souhaitez ouvrir une boutique de vente au détail, il peut être intéressant de vous installer dans la même rue ou le même quartier que vos concurrents directs. Vous pourrez bénéficier du passage qu'ils drainent et de leurs réseaux de clientèle si la concurrence n'est pas trop rude et les clients assez nombreux.

EXERCICE

Dressez une liste de vos distributeurs potentiels

Rendez visite aux magasins où vous souhaitez distribuer vos produits, et identifiez dix concurrents auprès desquels vous souhaiteriez les voir présenter. Consultez leurs sites Internet pour voir la liste de leurs distributeurs et de leurs points de vente. Menez des recherches sur les distributeurs et les autres marques qu'ils représentent. Ensuite, consultez les sites Internet de ces marques pour vérifier que leurs produits sont bien assortis aux vôtres. Si c'est le cas, regardez la liste de leurs distributeurs et poursuivez ces recherches d'associations jusqu'à ce que vous obteniez une base de données conséquente que vous pourrez utiliser pour la communication et pour la promotion de votre première collection.

Il est important de bien sélectionner l'emplacement de votre boutique.

Trouver le bon emplacement

Si vous avez l'intention d'ouvrir un commerce de détail, l'emplacement est fondamental. Prenez le temps de trouver l'emplacement idéal pour optimiser vos ventes. Plusieurs options s'offrent à vous : centre-ville, centre commercial, boutique en ligne, marchés ou vente à domicile (voir chapitre 11).

Informations à recueillir pour ouvrir un commerce de détail

Caractéristiques démographiques

Le quartier est-il surtout résidentiel ou commerçant ? Est-ce un quartier riche ? Quel est le revenu du consommateur moyen ?

Attractivité de la zone

Est-ce un quartier dynamique ? Y a-t-il une association de défense des commerçants ? Est-il réceptif aux changements ? Les boutiques sont-elles ouvertes le soir et/ ou le dimanche ? Combien de commerces ont ouvert et fermé au cours des douze derniers mois ? Quelles sont les principales sources d'emploi ? Quel est le potentiel de croissance du quartier ? Quelles sont les tendances qu'on a pu observer dans le quartier ?

Les concurrents

Sur une carte, placez une croix aux endroits où sont installés vos concurrents. Entourez les meilleurs emplacements. Faites une analyse de chaque concurrent. Vos concurrents font-ils des campagnes de promotion ou de publicité ?

La zone de chalandise

- *Distance de la zone résidentielle*
- *Distance de la zone commerçante*
- *Places de parking*
- *Embouteillage*
- *Transports en commun*
- *Meilleur côté de la rue*
- *Emplacement dans la rue*
- *Commerces mitoyens appropriés*

Habitudes d'achat et de consommation

- *Jour de la semaine*
- *Heure de la journée*
- *La ou les semaines dans le mois*
- *Saison*
- *Conditions météorologiques*

Frais à prévoir

- *Loyer / emprunt*
- *Taxes*
- *Services*
- *Aménagements*
- *Décoration intérieure*
- *Sécurité*
- *Assurance*
- *Autres*

Contrat de bail

- *Durée du bail*
- *Possibilités d'acquisition*
- *Description du local*
- *Restrictions sur installation d'une enseigne*
- *Assurances obligatoires*
- *Droit de sous-louer*
- *Droit de renouvellement*
- *Fixation du loyer*
- *Restrictions sur le réaménagement*
- *Responsabilités du propriétaire*
- *Statut du locataire en cas de vente du local*

Étude de cas : Anne Fontaine

Anne Fontaine a créé sa marque de prêt-à-porter féminin à Paris en 1993, à l'âge de vingt-deux ans. Elle est surnommée la « reine de la chemise blanche », et sa marque éponyme n'a pas cessé de se développer ces quinze dernières années, depuis l'ouverture de sa première boutique à Paris, en 1994. La marque est aujourd'hui un véritable empire international, avec des boutiques implantées dans plusieurs grandes villes, sur Madison Avenue, à New York (ouverte en 2000), à Shanghai (ouverte en 2005) et à Tokyo (ouverte en 2006).

Avec Ari Zlotkin, son mari et associé, Anne a dès le départ centré son activité autour d'un concept phare : « la simplicité, l'innovation, l'indépendance », en proposant à sa clientèle « une vision du luxe contemporain ». En 2004, elle réalise un chiffre d'affaires de 70 millions d'euros, et emploie 400 employés. Ses produits sont distribués dans soixante-cinq points de vente, dans quatorze pays.

Sans avoir véritablement suivi de formation de styliste, Anne a très tôt manifesté ses talents de créatrice en fabriquant elle-même ses vêtements. Un séjour au cœur de la forêt amazonienne lui inocule sa passion pour les matières naturelles et leurs vertus, servant de base à la marque Anne Fontaine. Mais c'est en retrouvant par hasard une vieille chemise blanche que lui est venue l'idée de créer un « espace où toutes les femmes pourraient trouver et choisir une chemise, un chemisier, un cache-cœur, un basique pour leur garde-robe, au gré de leur humeur ». Cette idée lui a servi de catalyseur pour démarrer son activité.

Anne s'est associée avec Ari pour concevoir la première collection de chemises blanches exclusivement pour femmes. Pour la première saison et à partir de ce concept initial, elle crée plus de 500 modèles, avant d'en retenir une trentaine seulement qui deviendront la première collection Anne Fontaine. Son expérience dans la forêt amazonienne, associée à sa sensibilité pour la défense de l'environnement, l'a poussée à expérimenter un large choix de fibres naturelles et lui a permis de donner au simple concept de la « chemise blanche » une multitude d'options à offrir à ses clientes.

Après la popeline, le piqué de coton et l'organdi, Anne étend sa gamme au lin, à la dentelle et à de nombreuses autres matières naturelles découvertes à chaque saison. « Les tissus sont des sources d'inspiration, tant par leur forme que par leurs propriétés spécifiques au contact de la peau. »

Après le choix des tissus naissent les détails qui signent ses créations : doubles cols, fleurs brodées, laçages ou « vertiges », un mot qu'Anne utilise pour désigner ces « ruchés très personnels qui se déclinent à chaque collection ». Mais ce qu'Anne recherche avant tout est « l'allure », et là réside la clé de son succès. La coupe très spécifique de ses modèles et sa maîtrise des matières offrent à chaque femme comme une seconde peau, un vêtement familier et fidèle garant d'une élégance naturelle et spontanée qui ne peut trouver son origine que dans « la respiration naturelle qu'il procure à celle qui le porte ».

Le confort et l'idée de bien-être jouent également un rôle essentiel dans la recherche de la créatrice. Chaque saison, elle élabore des « voies nouvelles d'élégance adaptées à toutes les personnalités et à la diversité des occasions ». Si de nouvelles idées naissent constamment, le scénario demeure identique depuis qu'elle a commencé : deux fois par an, 500 nouveaux dessins sont examinés. « Même bataille pour décider quels seront les cent heureux modèles élus que les clientes américaines, japonaises, chinoises ou françaises retrouveront dans les boutiques à Paris, à New York ou à Tokyo. »

Le produit et la vision restent au cœur de la marque Anne Fontaine, cependant les vertus des étoffes, qui sont pour Anne si essentielles au succès de ses collections de vêtements, ne se limitent pas à l'habillement. Tirant son inspiration de ses séjours en Amazonie, elle crée le spa Anne Fontaine, qui lui permet de partager son expérience des « vertus thérapeutiques de ces trésors naturels. Le coton, la soie et le bambou sauvage sont à l'origine des soins, signature du spa Anne Fontaine, et fondent son exclusivité. »

Douze ans après avoir ouvert la première boutique Anne Fontaine à Paris, elle ouvre un nouvel espace rue Saint-Honoré en 2006. Ce nouveau lieu permet à la créatrice de présenter sa vision complète de la marque en associant boutique et hammam.

La boutique Anne Fontaine de la rue Saint-Honoré à Paris a ouvert ses portes en 2006. Grâce à cet espace, Anne Fontaine peut désormais offrir toute la gamme de sa marque, proposant sous le même toit sa boutique de chemises blanches et le spa Anne Fontaine.

Chapitre 8 : Reconnaître les tendances

Les tendances jouent un rôle majeur dans l'univers de la mode ; il est important de bien comprendre leur mode de fonctionnement et d'apprendre à les utiliser à bon escient. Vous devez commencer par vous interroger sur le rapport que votre clientèle entretient avec la mode, et vos premières recherches vous donneront un bon aperçu de votre client potentiel. En fonction de ces conclusions, vous saurez si votre client est sensible ou non aux tendances. La réussite de votre entreprise dépendra beaucoup de votre capacité à savoir répondre aux besoins de vos clients. L'objectif de ce chapitre est de vous montrer comment déceler les besoins de vos clients et d'étudier leur relation aux tendances.

Qu'est-ce qu'une tendance ?

Une tendance de mode peut se définir comme une orientation que prend la mode à une période donnée. Ce qui est à la mode pendant une saison peut être démodé la saison suivante. Les tendances recouvrent tout ce qui est « nouveau » ou « actuel ». Ces dernières années, la « nouveauté » recouvre surtout un ensemble de produits qui, après avoir disparu ou être passés de mode, sont redécouverts par des créateurs et des enseignes, puis réintroduits sur le marché.

Les tendances ne sont pas nécessairement éphémères. Par exemple, c'est dans les années 1990 que s'est développée la tendance à un style décontracté au travail, tendance qui ne s'est pas démentie aujourd'hui.

D'autres tendances font irruption dans les boutiques, sont portées pendant une saison ou deux, puis disparaissent aussi vite qu'elles étaient apparues. Ces durées de vie variables d'une tendance à l'autre s'appellent des « cycles de mode ». Le cycle de mode connaît plusieurs stades : des personnes adoptent un style, celui-ci est adopté par le grand public, puis disparaît.

Les différentes catégories de tendances

À l'intérieur du cycle de mode, on peut identifier différentes catégories de tendances en fonction de plusieurs paramètres : la durée de vie, la rapidité de l'adoption et le déclin. Ces différences au sein de ce cycle comprennent :

Les classiques (ou basiques)

Il s'agit d'un style qui a résisté au cycle de la mode. On trouve ces basiques dans le commerce à chaque saison. C'est le cas de la chemise blanche, du trench et de la petite robe noire.

Le style urbain de Tokyo.

Les modes passagères

Les modes passagères correspondent à des produits qui restent très peu de temps dans les rayons. Même si ces tendances ont une durée de vie très brève, les créateurs et les boutiques s'appuient sur ces modes pour susciter un intérêt auprès de la presse et de leurs clients.

Les cycles dans les cycles

Pour certains créateurs, la clé de la réussite est de proposer des variations autour d'un basique en retravaillant certains éléments, comme la couleur, la texture ou la silhouette. C'est une manière de lui redonner vie tout en misant sur des modèles indémodables. Les créateurs ne se lassent pas de remettre la petite robe noire au goût du jour.

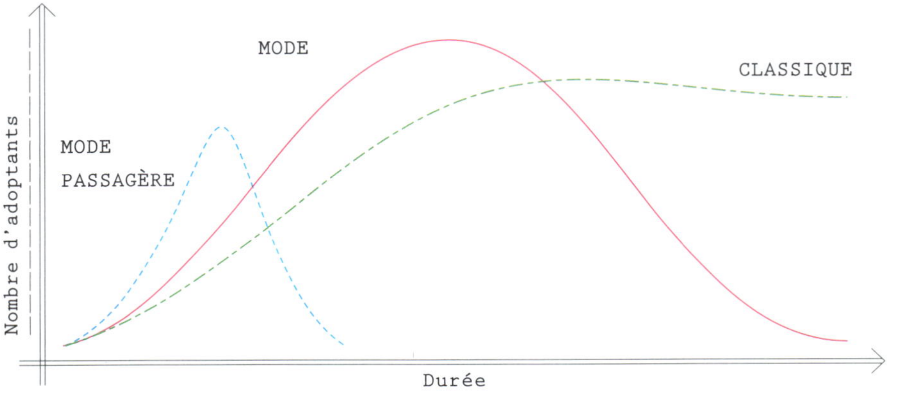

On trouve deux grandes catégories dans la mode : les classiques et les éphémères. Le cycle de vie d'une tendance se décompose en six phases. Si une tendance éphémère peut franchir ces six étapes en une seule saison, un classique n'atteindra peut-être jamais la dernière étape ou ne connaîtra qu'un déclin relatif avant d'être relancé.

Les phases du cycle de vie d'une tendance

1. ***Innovation :*** *Les pionniers de la mode sont prêts à investir des sommes importantes dans un nouveau look.*
2. ***Croissance :*** *De plus en plus de personnes adoptent le style.*
3. ***Accélération :*** *Le style est copié par de nombreux magasins et adopté par les suiveurs de la mode.*
4. ***Phase de maturité :*** *Le style atteint son potentiel de vente maximum et est visible partout.*
5. ***Déclin :*** *Les ventes déclinent, de nouvelles tendances émergent. Les boutiques baissent les prix et commencent à remplacer la tendance par une nouvelle.*
6. ***Obsolescence :*** *Le style passe de mode et disparaît.*

La petite robe noire est un classique constamment revisité et remis au goût du jour par les créateurs.

Naissance d'une tendance

Ce sont les leaders de la mode qui détectent les nouvelles tendances, mais une tendance ne s'imposera que si elle est adoptée par ceux qui la suivent.

La diffusion des innovations

En 1962, Everett Rogers formule une théorie de la « diffusion des innovations ». Il explique que la population d'adoptants d'une idée ou d'un produit nouveau peut être segmentée en cinq catégories : les innovateurs (2,5 %), les adeptes précoces (13,5 %), la majorité précoce (34 %), la majorité tardive (34 %) et les réfractaires (16 %). Selon lui, la volonté et la capacité de chacun de ces groupes à adopter un produit nouveau dépendent de plusieurs facteurs : la prise de conscience, l'intérêt, l'évaluation et la mise à l'essai. Même si cette théorie est parfois un peu schématique, elle décrit bien ce qui peut expliquer l'adoption d'une tendance.

Les innovateurs

Qu'ils exercent ou non une influence sur les autres, ils sont à l'origine de la prise de conscience de l'existence d'un nouveau style. Socialement, ce sont des personnes assez sûres d'elles, et la mode est pour eux une priorité.

Les adeptes précoces

Les adeptes précoces apportent une légitimité à un style. Ils influencent les personnes appartenant à leur groupe social tout en restant dans la norme. Ils peuvent adopter une version légèrement modifiée ou atténuée du style arboré par les innovateurs. Cette catégorie est essentielle à la diffusion d'une tendance sur le marché de la grande distribution.

La majorité précoce

La majorité précoce a un comportement d'achat plus réfléchi et oriente ses choix en fonction des pionniers de la mode. Cette catégorie est influencée par la publicité et les médias, même si sa priorité est d'être à la mode pour obéir aux critères adoptés par son entourage.

La majorité tardive

La majorité tardive est plus sceptique et attend d'être convaincue avant d'adopter les modes dites « tendance ». Ces personnes cherchent néanmoins à s'intégrer au groupe et finissent par suivre les tendances. Leur style est plus traditionnel et ces personnes sont généralement issues de couches sociales plus populaires.

Les réfractaires

Les réfractaires s'inspirent de leurs voisins et de leurs amis. Recherchant surtout le confort et le bien-être, ils ne sont guère sensibles aux tendances. Ils ne veulent pas non plus dépenser trop d'argent dans l'habillement et sont par conséquent les consommateurs les plus difficiles à convaincre.
On définit généralement les usagers des deux premiers groupes comme des « agents du changement » ou des « communicateurs innovants » : ce sont les pionniers de la mode. Les groupes restants entrent dans la catégorie des « suiveurs » et leur mode vestimentaire s'inspire des autres.

Il existe un marché pour chacun de ces groupes, mais la grande majorité des consommateurs appartient à la catégorie des suiveurs. Vous devrez donc identifier la catégorie à laquelle appartient votre clientèle et développer votre gamme de produits en fonction de ses caractéristiques.

Rogers a également proposé un modèle en cinq phases de la diffusion de l'innovation. Il explique que les adoptants passent par ces étapes avant de décider s'ils acceptent ou non l'innovation.

1 ***La connaissance :*** On apprend l'existence de l'innovation et on acquiert quelques notions sur son fonctionnement.

2 ***La persuasion :*** L'individu est convaincu par la valeur de l'innovation.

3 ***La décision :*** L'individu s'engage à adopter l'innovation.

4 ***L'utilisation :*** L'innovation est utilisée.

5 ***La confirmation :*** L'individu accepte (ou rejette) l'innovation.

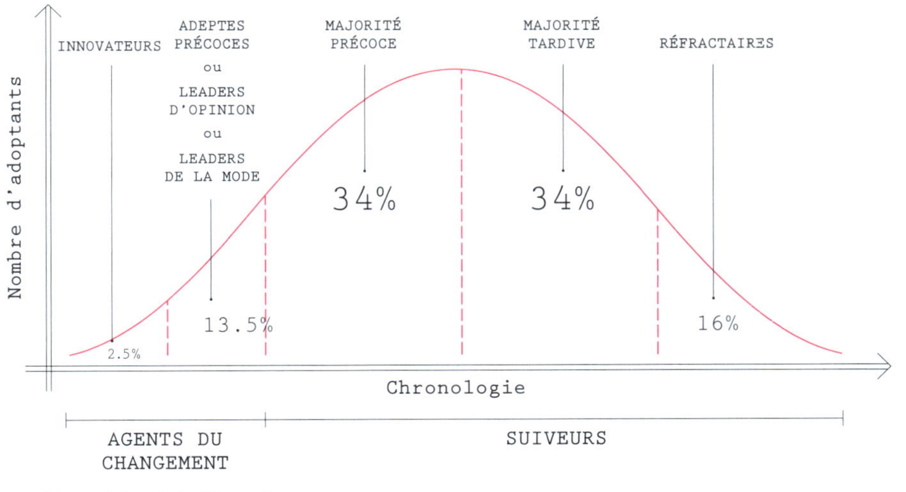

Schéma de la théorie d'Everett Rogers.

Si vous vous sentez capable d'initier de nouvelles tendances, il faudra que votre directeur marketing trouve les moyens de faire franchir ces cinq étapes au consommateur. Si personne n'entend parler du produit, comment sera-t-il possible de le vendre et, plus difficile encore, de le faire valider par celui qui le porte ? Généralement, le podium est le lieu idéal pour faire connaître ce type de modèle et la presse spécialisée doit ensuite prendre le relais.

Innovateurs vs. adeptes précoces / grand public

Innovateurs	Adeptes précoces / grand public
Créatifs	Veulent consommer et se faire plaisir
Partie prenante	Spectateurs ; lisent les magazines
Prennent des risques	Critères de confort et d'intégration
Créent leur propre identité	Facilité de la grande distribution et lisent les médias
Passionnés	Veulent de la sécurité, suivent le plus grand nombre
Aspirent au changement et à la nouveauté	Aiment le confort et la stabilité, ne réfléchissent pas trop

Mode créateur vs. mode grande distribution

- *La mode créateur haut de gamme est distribuée dans des boutiques prestigieuses.*
- *Les leaders de la mode achètent ces tenues à leur lancement.*
- *Les produits sont chers, mais l'exclusivité est un critère recherché.*

- *Les vêtements de la grande distribution sont fabriqués en série et proposés à des prix très variables.*
- *Les suiveurs portent des vêtements de grande distribution.*
- *Les réfractaires cherchent des valeurs sûres ; ils achètent plus tard.*

Comment naissent les tendances ?

Plusieurs facteurs influencent l'émergence des tendances, à court et à long terme ; ils peuvent être d'ordre technologique, économique, social, ou liés aux médias, aux célébrités ou encore à des communautés.

Les créateurs puisent leur inspiration dans leur entourage et l'actualité. Le climat général comme les émotions jouent un rôle important dans le développement des modèles d'une collection et certains créateurs restent fidèles à leurs influences. En période de crise, on verra souvent sur les podiums des modèles et des coupes plus structurés, dans des tonalités assez sombres. Quand arrive une embellie, on voit arriver des couleurs plus vives associées à des matières plus fluides.

Généralement, les créateurs et les magasins se montrent assez prudents avant de lancer une nouvelle tendance. Ils s'inspirent d'un produit apparu aux saisons précédentes ou en réaction à une tendance saturée. Avant d'investir dans la fabrication en série du produit, ils commencent par tester le produit dans leurs magasins, tout en observant les réactions des clients. C'est ce que l'on appelle un « ballon d'essai ».

Avant d'investir dans une grosse quantité de modèles, les détaillants testent une nouvelle tendance en introduisant quelques produits, et observent les réactions des consommateurs.

Les théories des courants de la mode

Plusieurs théories ont été avancées pour expliquer les phénomènes de mode :

La diffusion du haut vers le bas

La mode vient d'une élite et se diffuse vers le grand public. La grande distribution et le consommateur suivent les défilés et la mode des stars, et adaptent ces tendances au marché ou au style de vie.

Des célébrités comme David Beckham ou Paris Hilton sont des icônes de la mode. Ce phénomène est l'une des raisons pour lesquelles tant de créateurs essaient de faire adopter leurs modèles par des stars. Il suffit qu'une célébrité porte vos vêtements pour que votre produit et votre marque acquièrent immédiatement une reconnaissance internationale (voir chapitre 12).

La diffusion horizontale

La mode se diffuse horizontalement entre les groupes. Chaque groupe social a ses leaders, qui l'orientent dans ses choix vestimentaires et qui définissent ce qui est acceptable ou non. L'éventail est large : du jeune cadre qui s'inspire des costumes de son patron au groupe d'amis, dont l'un d'eux est celui qui lance les tendances. D'une manière générale, nous cherchons tous à nous intégrer, c'est pourquoi nous sommes rarement les premiers à adopter un nouveau look. Nous préférons que la tendance soit d'abord validée par quelques personnes de notre entourage. De la même façon, nous ne voulons pas non plus être les derniers à adopter un style vestimentaire, de crainte d'apparaître ringards. C'est souvent notre désir d'intégration qui dicte l'adoption de telle ou telle tendance.

La diffusion du bas vers le haut

Certains styles trouvent leur origine dans des milieux marginaux avant de s'étendre au grand public. La grande distribution, les créateurs haut de gamme puisent souvent leur inspiration dans la rue. Songez à la manière dont la mode hip-hop américaine s'est diffusée vers le grand public, dans le monde entier, avant d'arriver sur les podiums de Londres, de Paris, de New York et de Milan.

Pour atteindre leur clientèle cible, les tendances peuvent se diffuser de plusieurs façons : du haut vers le bas, horizontalement, ou du bas vers le haut. C'est en vous tenant informé de l'actualité des défilés, mais aussi en vous promenant dans la rue et en observant votre entourage, que vous pourrez identifier les tendances à venir. Peu de créateurs s'éloignent de leurs sources d'influence pour prévoir une tendance, mais leur quête constante d'inspiration les prédispose à une bonne perception des grands courants de la mode.

L'influence des médias sur les tendances

Les médias jouent un rôle à la fois de baromètre et d'arbitre, opérant un tri entre ce qui est à la mode et ce qui ne l'est pas ou plus. Les créateurs et les magasins créent des thèmes pour chaque collection, en proposant une sélection de looks susceptibles de plaire à un maximum d'acheteurs. On voit souvent émerger des thèmes communs d'une saison à l'autre. En effet, la plupart des créateurs et des fabricants textile doivent prévoir leurs créations longtemps à l'avance. C'est en étudiant les tendances passées, le climat social et l'environnement que les créateurs arrivent à prévoir, même si c'est souvent inconscient, l'orientation du marché ou le retour de certaines modes.

Les journalistes de mode, qui voient chaque saison des centaines de défilés de mode et de catalogues, opèrent une sélection de collections de créateurs pour les présenter à leurs lecteurs. Ce travail suppose de savoir discerner les pièces ainsi que les thèmes porteurs qui se démarquent sur les podiums. Les acheteurs qui travaillent pour le compte de boutiques ou de chaînes de magasins analysent les tendances avant de choisir celles qui, d'après eux, séduiront leur clientèle. Enfin, c'est au tour du consommateur final de s'informer sur les tendances actuelles en lisant les magazines de mode. C'est ainsi que se crée une demande. Les boutiques et les magasins se préparent alors à vendre les vêtements que la presse a encensés.

Faut-il tenir compte des tendances ?

Tout dépend de la clientèle que vous souhaitez toucher. Vous pouvez très bien considérer qu'une trop grande dépendance vis-à-vis des tendances nuirait à votre activité et préférer concevoir un produit vraiment original que vos clients auront envie d'acheter quelle que soit la saison (voir chapitre 9).

En matière de tendances, il est difficile de rivaliser avec les grandes marques et les chaînes de grande distribution. À chaque saison, les chaînes lancent plusieurs collections à la fois pour minimiser les risques. Ainsi, si une tendance ne « prend » pas aussi bien qu'elles l'imaginaient, l'échec sera relatif.

Mais si vous réussissez à intégrer des éléments tendance à votre collection, comme des tissus, des coloris, des coupes et un style, sans renoncer à votre identité, votre produit gagnera en visibilité. La prise en compte des tendances vous permettra d'attirer l'attention des magazines de mode, dont la vocation est de présenter à leurs lecteurs les styles émergents.

Une bonne façon de procéder est de consacrer un certain pourcentage de vos collections à l'expérimentation de nouvelles tendances. Ainsi, vous pourrez donner libre cours à votre créativité, en jouant avec des idées nouvelles et excitantes, tout en vous consacrant à la conception de modèles déjà éprouvés.

En fonction de la place qu'occupe votre clientèle sur la courbe de diffusion de l'innovation (voir page 93), vous pourriez trouver plus rentable de rester en dehors des tendances. Il est par conséquent très important que vous sachiez ce que vos clients attendent d'un produit avant de mettre au point le vôtre.

Au moment de mettre au point leur collection, les créateurs introduisent des éléments de nouveauté appropriés à la saison (gilet homme, chemise grande taille, pantalons serrés) qu'ils associent souvent à des modèles plus classiques (robe portefeuille).

Les grands couturiers jouent souvent un rôle de premier plan dans la création des nouvelles tendances. Aussi, si vous avez l'intention de faire partie de cette catégorie de créateurs, vous devrez rester fidèle à votre vision plutôt que de suivre les autres. La difficulté sera de convaincre à la fois la presse et les consommateurs que votre vision mérite qu'on y accorde de l'attention. Si vous y parvenez, vous ferez alors partie des leaders de la mode, de ceux dont on s'inspire pour s'habiller. Dans un premier temps, attendez-vous à créer des modèles que personne ne voudra porter !

Dès le départ, il faut que vous sachiez où se situe votre client dans la courbe des tendances. Observez vos concurrents pour voir comment ils se rapportent aux nouvelles tendances. Vous découvrirez sans doute que le client comme le concurrent accordent en définitive plus d'importance à la qualité d'un produit et à la façon dont il est conçu plutôt qu'aux tendances.

EXERCICE

Faites les boutiques de votre quartier et regardez les vitrines. Analysez les thèmes récurrents des produits présentés. Étudiez attentivement les vêtements, mais aussi les couleurs, les tissus et le style des accessoires.

Étude de cas : Schumacher

Dorothee Schumacher a fondé la marque Schumacher en Allemagne à l'âge de vingt-quatre ans, en 1989. Elle a démarré avec seulement cinq modèles, mais elle a très vite bénéficié d'une reconnaissance internationale. Son style vestimentaire est synonyme de sophistication, mais aussi de modernité. Les prix s'échelonnent entre 89 € pour une chemise basique et 449 € pour une robe, jusqu'à atteindre 1 200 € pour une pièce de collection. La marque a démarré en exposant ses pièces phares à la Collection Première Düsseldorf, l'un des salons de mode les plus importants du monde. Schumacher est aujourd'hui distribuée dans 46 pays et 600 magasins ; ses boutiques pleines de fantaisie ont le souci du détail. On les trouve dans des villes comme Koweït, Moscou, Varsovie et Berlin. Schumacher a lancé sa boutique en ligne en 2010. Son entreprise est restée une société familiale.

Dorothee a su dès son plus jeune âge ce qu'elle voulait. Fascinée par l'industrie de la mode, elle est partie étudier les textiles en Italie et en France. Elle a collaboré avec plusieurs marques réputées, qui lui ont donné l'occasion de créer un style unique qui servirait d'élément clé pour le lancement de sa marque. Dès le départ, Dorothee a tout axé sur le produit. Elle a commencé par dessiner une chemise qui « était différente, un mélange d'élégance, de féminité et de majesté ». Pour elle, « la femme Schumacher ne cherche pas à imiter un style vestimentaire masculin, elle préfère exploiter son charme féminin ». La compréhension des besoins de ses clientes, associée à sa propre vision et à sa créativité, est la clé de la réussite de la marque, qui a rencontré le succès dès la première collection. Dorothee pense qu'une jeune marque doit développer « un style très fort et une intuition des tendances à venir, une assurance, de la conviction, et un équilibre entre les désirs des clientes et ses propres idées ». La marque offre aujourd'hui une gamme complète de vêtements, qui comprend des manteaux, des robes, des pièces en maille, des tee-shirts et des accessoires.

Schumacher accorde une grande importance à la phase de fabrication et Dorothee fait subir un examen minutieux à chacun de ses modèles. « Les premières années, tous mes produits étaient fabriqués en Italie et en Allemagne », mais à partir de 1996-1997, Schumacher a sélectionné d'autres pays connus pour leur savoir-faire inégalé dans certaines spécialités, comme la broderie en Inde, le cachemire en Italie et la dentelle en France, pour accroître la qualité du produit. « De cette manière, nous veillons à ce que le produit reste au centre de notre stratégie et symbolise les valeurs de Schumacher. » La primauté accordée au produit signifie aussi qu'avec de « l'amour et du travail, le produit Schumacher peut rivaliser avec d'autres produits de luxe qui affichent des prix élevés ».

Si le prix de vente des créations compte beaucoup dans le développement d'une marque, Dorothee explique que, pour elle, cette question n'a pas été aussi déterminante que cela. « Quand un client trouve LE modèle qu'il cherche, il sera toujours prêt à payer le prix qu'il faudra. » C'est pour cette raison que la question du prix vient après celle du produit et de la distribution. La promotion de la marque suit une stratégie marketing d'envergure qui met en avant la philosophie et les valeurs de la marque Schumacher. « Tous nos emballages, cadeaux publicitaires et accessoires de magasin sont uniques. Il est important que la cliente sache qu'elle n'achète pas seulement un vêtement, mais un look complet avec une image de marque où tout est fait avec amour et dévouement. Schumacher mise surtout sur le bouche-à-oreille, et nous sommes farouchement opposés aux campagnes publicitaires et aux franchises. » La marque a son propre service de marketing et travaille également en étroite collaboration avec des agents extérieurs pour le marketing international.

Si Dorothee avoue connaître des déceptions, inhérentes à la gestion d'une marque, elle insiste sur ses satisfactions : « Le fait d'avoir ma propre marque me permet de découvrir de nouvelles choses tous les jours. La perspective de percer d'autres marchés m'attire. J'adore tenter de nouvelles expériences et rencontrer des gens. » Schumacher lui permet à la fois d'exprimer ses idées et d'exercer ses talents de femme d'affaires. Le fait d'être à son compte lui permet également d'organiser sa vie comme elle l'entend. « La perspective de réaliser mes rêves me donne de la force. Je suis aussi libre d'organiser mon temps comme je le veux, pour moi comme pour ma famille. »

À partir d'une collection composée de seulement cinq modèles, Dorothee Schumacher a développé sa marque à l'international et gère sa société depuis son siège en Allemagne.

Chapitre 9 : Le produit et son image

Créer vos produits, exprimer vos idées, réaliser quelque chose qui vous corresponde : telles sont les raisons qui vous ont poussé à vous lancer dans cette aventure. Mais pour que cette aventure aboutisse, vous devez aussi vous bâtir une réputation et satisfaire aux exigences de votre clientèle. Ce chapitre vous indiquera les étapes à suivre pour optimiser vos chances de réussite.

Comprendre sa clientèle

Pour créer une ligne de vêtements qui soit à la fois rentable et durable, il est important de mener des études de marché et d'avoir une idée précise du style de vie de la clientèle que vous ciblez. Si vous ne possédez aucune indication précise sur votre base client, il vous sera très difficile d'identifier le type de vêtements qu'ils portent et en quelle occasion.

Les petites marques de mode négligent trop souvent ces questions. N'écoutant que leurs désirs, ces créateurs dessinent leurs modèles en fonction de ce qu'ils aimeraient porter, sans considérer les attentes de leur clientèle. Beaucoup de jeunes stylistes qui débutent n'ont ni le mode de vie ni le budget de la clientèle qu'ils visent et ne sont pas eux-mêmes de gros consommateurs de vêtements haut de gamme. En se contentant d'hypothèses vagues sur la clientèle qu'ils visent, ils risquent de proposer un produit qui ne satisfera pas les besoins du consommateur.

Vous devez aussi identifier vos concurrents, analyser ce qu'ils vendent et ce qu'ils ne vendent pas, et, en fonction de ces conclusions, déterminer ce que votre clientèle potentielle serait prête à acheter (voir chapitre 7).

Créer le bon produit

Pour imposer votre style, vous devez couvrir tous les angles.

L'esprit et l'orientation

L'esprit et l'orientation jouent un rôle fondamental dans la création de vêtements. Si vous parvenez à créer une collection avec un message et une attitude immédiatement reconnaissables, vous pourrez plus facilement convaincre le client d'acheter votre produit.

Il est important que vous réussissiez à trouver l'esprit ou l'image qui reflète votre marque. D'un simple regard, votre acheteur doit pouvoir identifier si elle est féminine, d'avant-garde, sophistiquée ou sportive. Vos supports de communication (catalogues, site Internet, défilés) doivent renforcer le message que vous souhaitez communiquer à propos de votre produit.

Département de costumes sur mesure pour hommes chez Harrods.

Voici le point de vue de la styliste indépendante Clare Watson :

« Quand je découvre une nouvelle marque, j'aime surtout voir de petites collections bien pensées et cohérentes, qui laisseront une impression durable. Je vois sans arrêt de jeunes créateurs qui essaient de faire un peu de tout, de couvrir tous les domaines. Cela crée plutôt un sentiment de confusion, où l'on discerne mal le style qui se dégage. Ce n'est qu'une fois que vous êtes parvenu à imposer votre style que vous pouvez alors, dans un second temps, proposer de nouvelles idées qui seront plus facilement acceptées. »

La singularité

Essayez de créer un ACV (argument clé de vente) pour vous distinguer des autres et donner aux acheteurs une bonne raison de vous commander des produits. Des tissus rares, des coupes originales, des finitions élaborées ainsi qu'une politique de prix adéquate sont des moyens de donner une singularité à votre produit, comme le choix de se positionner sur un segment spécifique du marché.

Le sens commercial

Votre objectif est double : convaincre les acheteurs de représenter votre produit dans leurs magasins et convaincre les consommateurs de l'acheter. La plupart des magasins visent un taux d'écoulement du stock de 70 % avant le début des soldes. Le détaillant décidera de continuer à vous commander des produits en fonction du résultat des ventes. Même s'il faut parfois attendre plusieurs saisons pour que les consommateurs se familiarisent avec votre marque et que votre chiffre d'affaires augmente, les acheteurs ne se risqueront pas à placer en rayon des produits qui n'apportent pas un bon retour sur investissement. Il est donc indispensable que vous réussissiez à identifier les éléments qui vous permettront de concevoir un produit rentable. Dès que vous commencerez à avoir des retours de vos acheteurs sur la manière dont les consommateurs ont reçu votre produit, il vous faudra trouver des solutions pour optimiser son potentiel commercial.

Kat et Oz Aalam, de la boutique londonienne Damsel :

« [Nous] proposons un style qui se démarque des autres, mais nous tenons aussi compte des désirs concrets de nos clientes ! Nous ne proposons pas, par exemple, de hauts qui ne passent pas en machine, car la plupart de nos clientes ont des enfants ! Nous tenons aussi beaucoup à susciter la surprise et l'émerveillement. Les gens trouvent toujours des solutions pour acheter quelque chose qu'ils adorent, donc il faut que le produit se démarque et attire leur attention ! L'offre de la grande distribution est aujourd'hui tellement compétitive que des boutiques comme la nôtre ont de plus en plus de difficultés à rivaliser en matière de prix. On doit donc proposer des produits que nos clientes ne trouveront pas dans les chaînes à un tiers de leur prix. La question du prix est importante – même si ma sœur et moi savons pourquoi la broderie perlée, certaines matières et certains détails de couture justifient des prix élevés, nous savons aussi qu'on ne peut pas se permettre de vendre des hauts à plus de 200-250 € et des robes à plus de 400 €. Nous visons un marché précis. »

La marque d'accessoires Knomo est l'une des premières marques anglaises à proposer des sacoches d'ordinateur portable de créateur, un argument clé qui a fait ses preuves.

La qualité

Une bonne image de marque est le signe d'une relation de confiance entre vous et votre clientèle, surtout si vos produits sont à un prix élevé. Assurez-vous que vos modèles sont de la même qualité que vos prototypes, car si les produits sont de qualité médiocre, vous êtes sûr d'échouer. Les clients n'achèteront pas votre produit si la confection est de mauvaise qualité ou si elle se détériore après achat. Il est impératif de consacrer autant de temps à la confection qu'à la conception (voir chapitre 10).

Le rapport qualité-prix

L'important n'est pas tant le prix que vous demandez pour un produit que de donner l'impression à votre client qu'il achète quelque chose qui sorte de l'ordinaire. Que ce soit une pièce bon marché ou au contraire une pure folie, il faut que votre client ait le sentiment d'avoir fait une bonne affaire. Une dépense importante peut conduire à une « dissonance cognitive », à savoir la peur de ne pas avoir pris la bonne décision. Vous pouvez neutraliser cette impression en proposant un produit qui ait une coupe, une qualité, un prix et un argument de vente irréprochables. La communication et le marketing jouent un rôle essentiel à ce stade. Une bonne couverture médiatique rassurera vos clients (voir chapitre 12).

Caroline Charles s'efforce de véhiculer un message cohérent à toutes ses collections pour que sa clientèle reconnaisse la griffe du créateur d'une saison à l'autre.

Vers une évolution cohérente

La cohérence de l'image de marque est indispensable à votre crédibilité. Après avoir mis au point votre signature, vous devez réussir à conserver votre identité d'une saison à l'autre, en offrant une gamme de produits cohérente. Il n'est rien de pire pour un acheteur qui représente votre marque que de s'apercevoir que vous avez complètement modifié votre offre la saison suivante.

Il n'empêche que vous devez aussi créer de nouveaux produits à chaque saison, en suivant l'évolution du marché et des tendances. Les acheteurs de petites boutiques savent que leur clientèle est limitée et qu'ils ne pourront pas trop s'éloigner d'un style donné. En même temps, si vous proposez des modèles similaires à chaque saison, vous risquez de perdre beaucoup de clients.

Vous devez rester informé des tendances et trouver un terrain d'entente avec les revendeurs. Trouvez des moyens pour faire évoluer vos collections et proposer des modèles innovants sans renoncer à votre griffe de créateur.

L'équilibre et le choix

Réfléchissez à la présentation globale de votre collection. Veillez à créer une collection équilibrée, avec suffisamment d'ampleur et d'intensité, ou un produit unique avec une forte identité. Les différents styles d'une même collection doivent fonctionner ensemble pour créer une histoire et apporter suffisamment de choix pour l'acheteur.

L'élaboration de votre collection

L'élaboration d'une collection équilibrée exige méthode et organisation, car chacune comprend un nombre de catégories de vêtements qui se déclinent selon des matières, des couleurs et des coupes différentes. Le développement de votre collection doit tenir compte de deux paramètres : votre budget conception et votre stratégie commerciale. N'oubliez pas que votre collection doit être présentée sous la forme d'un catalogue de produits destinés à la vente. Il s'agit donc de proposer un ensemble de modèles qui se décline en plusieurs lignes. Cette étape est un moment clé du développement de votre collection.

La largeur de gamme

La largeur de gamme est constituée par le nombre de lignes de la gamme. Votre largeur de gamme est fonction de votre stratégie commerciale. Il est plus prudent au départ de limiter le nombre d'options. Vous pouvez proposer un choix de modèles plus conséquent si vous vous limitez à une ou deux lignes de produits. Il est bien plus facile de se faire un nom en se spécialisant dans une catégorie spécifique de vêtements.

Si vous souhaitez créer une gamme complète de produits, le nombre de modèles augmentera rapidement. Sachez que, pour chaque modèle, vous devez bâtir un patron, ce qui augmente les coûts de production (voir le chapitre suivant).

Schumacher a démarré avec cinq modèles et Karen Walker avec un seul.

La profondeur de ligne

C'est le nombre de modèles qui caractérise la profondeur de la ligne. Un modèle peut être réalisé dans un tissu, un imprimé ou un coloris unique. Pour une jeune marque, cette décision est financièrement plus délicate à gérer, en particulier quand il lui faut négocier des minimums de commande avec ses fournisseurs textile. Vous devez donc commencer par vendre vos modèles avant de lancer la production. Or, si les tissus et les couleurs diffèrent trop d'un modèle à l'autre, vous risquez de donner une vision d'ensemble confuse qui déconcertera votre acheteur.

En proposant de décliner un modèle en plusieurs matières et plusieurs coloris, vous créez des « histoires » à l'intérieur de votre ligne. Cette manière de procéder comporte deux grands avantages : votre collection est plus lisible pour les acheteurs et plus économique à fabriquer.

Au moment de concevoir votre collection, réfléchissez à l'aspect qu'elle aura dans les rayons d'un magasin.

La politique de prix

Grâce à vos études de marché, vous avez pu réunir des informations qui vous aideront à déterminer le prix de vente de vos produits. En règle générale, ce sont les produits à prix bas ou moyens qui se vendent le mieux. Votre collection de modèles doit en tenir compte et proposer un nombre plus important de modèles à prix bas qu'à prix élevé.

Élaborez un plan de collection

Avant de commencer à dessiner les modèles de votre collection, réalisez un plan. Il doit se composer du nombre total de modèles que vous souhaitez réaliser en prototypes. Tous les modèles doivent être déclinés dans les coupes, les matières et les coloris proposés. Enfin, il doit donner des indications de prix. Même si vous avez pris le temps d'élaborer votre première collection dans ses moindres détails, vous serez très vite rattrapé par d'autres tâches, comme la vente, le suivi de la fabrication, la livraison et la gestion quotidienne de la société, ce qui réduira le temps que vous pourrez consacrer à la création pure. À long terme, l'élaboration d'un plan de collection précis vous aidera à mieux appréhender le travail de conception et vous fera gagner du temps. Un plan de collection permet aussi d'embrasser d'un seul regard la totalité des créations et de vérifier l'équilibre des lignes avant de lancer les prototypes.

Enfin, il doit remplir une fonction plus commerciale : vous devez prévoir les quantités que vous vendrez aux distributeurs et les prix auxquels ils seront prêts à acheter. Il s'agit d'élaborer une collection équilibrée en termes de couleurs, de tissus et de prix. Le nombre d'options doit être cohérent, autant pour les hauts que pour les bas.

Gardez à l'esprit qu'il vaut parfois mieux voir petit. Le programme de collection ci-dessous présente une offre variée de produits, mais imaginez le nombre de robes qu'il y aurait eu si la gamme de trente-cinq articles se limitait à des robes et ne comportait pas des tenues complètes. Anne Fontaine (voir page 86) a nettement réduit sa gamme et propose donc un plus grand choix dans chacune des catégories choisies. La crédibilité de l'offre faite à l'acheteur est essentielle.

C'est un exercice régulier et permanent. À chaque saison, vous devez analyser les ventes réalisées pour chaque produit. Il faut parfois plusieurs saisons avant de trouver le juste équilibre d'une collection.

Modèle / Matière	Crêpe de soie imprimé rose	Crêpe de soie noire	Crêpe de soie rouge	Mousseline de soie rouge à pois	Coton imprimé tulipe	Coton blanc	Coton cachemire bleu été	Maille crème en cachemire	Maille noire en cachemire	Total	Prix PVC €
Robe cocktail courte	X	X		X						3	210
Robe longue	X		X	X						3	275
Robe d'été					X	X	X			3	139
Robe chemisier					X		X			2	125
Dos-nu	X	X		X						3	119
Bustier		X	X							2	139
Tunique	X		X	X						3	160
Chemise cintrée					X	X	X			3	95
Haut sans manches		X		X						2	109
Maille été								X	X	2	189
Short été						X	X			2	65
Pantalon serré						X	X			2	109
Jupe portefeuille	X		X							2	160
Écharpe	X			X	X					3	45
Total	6	4	4	6	4	4	5	1	1	35	

Quand vous développerez les collections pour les saisons suivantes, vous commencerez par analyser les résultats des saisons passées. Une analyse FFPM est utile.

Analyse FFPM

Forces : Qu'est-ce qui a bien marché ? Pourquoi ?
Faiblesses : Qu'est-ce qui n'a pas bien marché ? Pourquoi ?
Possibilités : Avez-vous des solutions pour améliorer ces résultats ? Comment transformer les faiblesses en forces ?
Menaces : Quels sont les facteurs extérieurs qui menacent votre marque ?

Fonction, rapport / mode et valeur ajoutée

Les créateurs d'un produit observent l'impact général de ce dernier sur un marché spécifique selon trois critères principaux : la fonction, le rapport à la mode et la valeur ajoutée. Cette méthode s'avérera utile pour une jeune marque de mode qui souhaite réfléchir à sa gamme de produits et avoir quelques indicateurs de mesure.

La fonction

Dès le départ, déterminez la fonction que remplira votre produit. Les gens achètent des vêtements pour des raisons précises ; c'est en répondant aux besoins de votre clientèle que vous augmenterez vos chances de vendre votre produit. Si vous développez une ligne de vêtements d'hiver, vous commencerez par vous demander s'ils protègent du froid. Si vous développez une ligne de maillots de bain pour la plage, vous vous demanderez s'ils cachent bien la nudité, même mouillés. Enfin, et cette question est essentielle, vous devrez vous assurer que votre produit apporte confort et bien-être.

Le rapport à la mode

Selon que votre clientèle cible est sensible ou non à la mode et où elle se situe dans la courbe des tendances, il vous faudra adapter votre produit en conséquence en réfléchissant bien au modèle, à la coupe, à la couleur, à la matière, à l'imprimé et aux garnitures. Il est plus facile d'intégrer les tendances à ses modèles au moment où l'on développe sa collection, car on peut exploiter ce que les leaders de la mode ont déjà développé en créant des versions légèrement modifiées de ces produits (voir chapitre 11).

La valeur ajoutée

La valeur ajoutée peut venir du produit lui-même : l'utilisation de matières exclusives, d'ornements luxueux, ou l'adjonction d'éléments inattendus, tels une doublure de poche imprimée, un porte-monnaie assorti à une pochette. Cependant, la valeur ajoutée peut aussi venir du créateur ou de la marque. En améliorant l'image de la marque, la presse et la publicité donnent de la valeur ajoutée à votre produit.

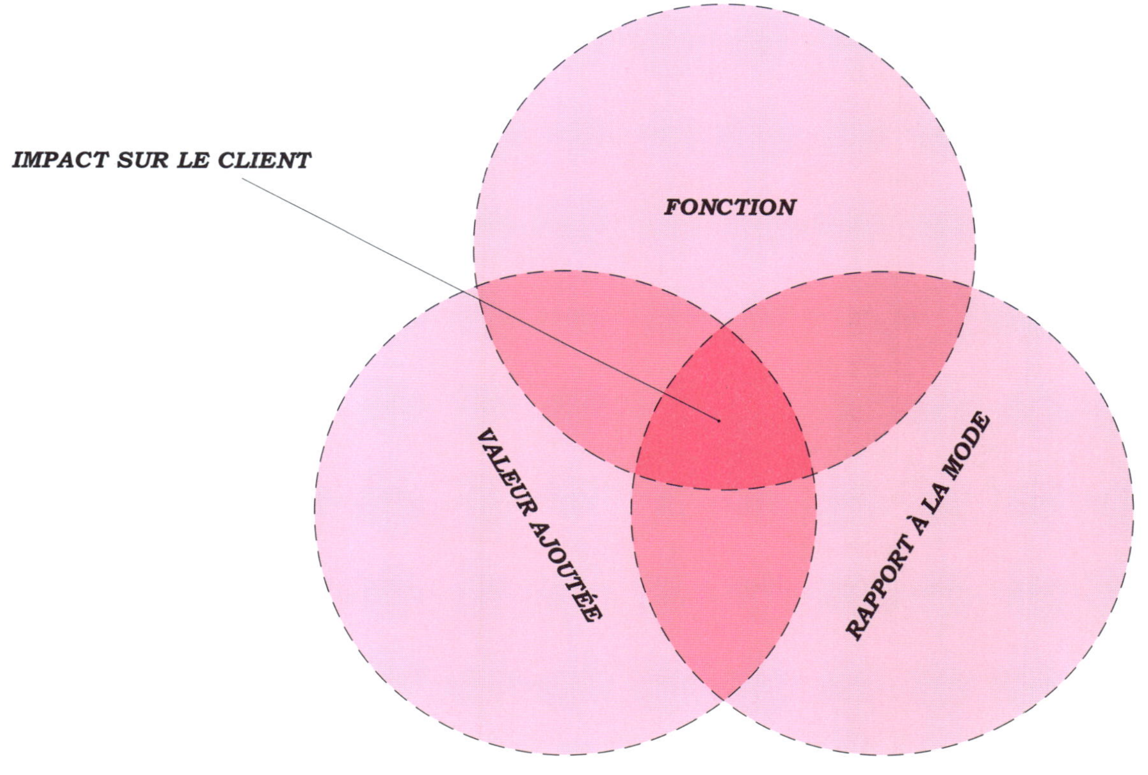

EXERCICE

Réalisez un plan de votre gamme de produits

Commencez par déterminer la fonction de votre produit et le profil de votre clientèle. Sélectionnez des pièces de votre collection (dans le cadre de cet exercice, vingt ou trente suffisent), puis des modèles et des coloris précis. Indiquez une estimation des prix de vente. Parcourez votre plan et vérifiez que vous êtes parvenu à un équilibre. Avez-vous utilisé chacun des coloris suffisamment de fois, existe-t-il plusieurs options pour chaque type de modèle ? Votre politique de prix est-elle cohérente ?

Otara Gunawardene est la fondatrice et directrice générale d'Odel, une chaîne de magasins novatrice au Sri Lanka. À Colombo, le magasin phare de la société est l'équivalent de Harrods à Londres et de C.K. Tangs à Singapour : ce n'est pas « seulement un magasin, mais également une destination touristique ». Ce complexe est le seul grand magasin du Sri Lanka, déployé sur 3 100 m², et c'est l'un des treize points de vente Odel dans la région de Colombo.

En août 2010, Odel est devenue une société publique avec une valeur estimée à 18 millions de dollars US. Moins de six mois plus tard, le cours des actions de la société – dont Otara détenait toujours plus de 56 % – la portait au-delà de 40 millions de dollars. Un long chemin avait été parcouru depuis les modestes débuts de la société. Otara avait passé un accord avec un ami qui dirigeait une usine de production pour les marchés outremer, afin de récupérer une partie des invendus et de les vendre à des amis moyennant une commission. Le coffre de son break rempli de vieux stocks, Otara roulait dans Colombo pour les écouler. C'était la fin des années 1980 et les produits d'Otara étaient totalement nouveaux au Sri Lanka. C'est ainsi qu'elle commença à se faire une réputation. Au bout d'un an de tournées en voiture, Otara se vit offrir un espace de 46 m² dans un immeuble appartenant à son père. La première boutique Odel était née. À la même époque, Otara avait commencé à gagner un peu d'argent dans la création de tee-shirts promotionnels pour des sociétés locales. Forte de cette expérience, elle décida d'ajouter une série de ses propres tee-shirts où elle valorisait la faune et la flore locales. Elle donna les recettes de ses ventes au Wildlife Trust. La boutique commença à attirer les foules et Otara envahit peu à peu le reste de l'immeuble.

Entre 1991 et 1994, Otara ouvrit neuf autres magasins – la majorité étaient loués à bail en empruntant sur six à dix ans pour installer les magasins et les faire fonctionner. Parallèlement à son expansion, elle acheta des espaces publicitaires dans des magazines des offices de tourisme et sur de grands panneaux en bord de route, et mit en place des promotions et du merchandising visuel pour fidéliser les clients. En 1994, à la recherche d'un espace de vente plus important, Otara s'installa dans l'immeuble de l'ancien hôtel de ville colonial, devenu aujourd'hui le magasin phare d'Odel. Ce plus grand espace nécessitait des

stocks plus conséquents, mais « cela devenait difficile de trouver des invendus, car d'autres entreprises nous imitaient avec des magasins de vente au rabais ». Pour se démarquer, Otara s'attacha donc à développer sa propre marque. Aujourd'hui, celle-ci comporte plus de 1 500 articles, la majorité étant confectionnée localement. Odel vend aussi plusieurs marques internationales, mais l'une des raisons principales de ce choix de produire sur place est que « les frais de douane sont trop élevés pour importer des marques internationales au Sri Lanka, et le client ne peut pas payer de tels prix ». Aujourd'hui, 40 à 50 % des produits en vente sont de sa propre marque, un pourcentage qui devrait augmenter dans les années à venir.

À l'origine, il n'y avait que deux employés et Otara se reposait fortement sur sa famille, notamment sa belle-sœur, comptable. Aujourd'hui, Odel emploie plus de 430 personnes en interne et fait appel à plus de 500 personnes de manière indirecte. Mais tout n'a pas toujours été aussi simple et Otara a appris de ses échecs. Celui que connut son projet d'ouvrir un magasin à Singapour l'incita à étudier dans le détail les aspects financiers de son activité.

Otara est convaincue qu'elle doit en grande partie son succès à sa détermination et à son côté décalé. « Je ne crois pas que je m'arrêterai un jour de rêver et de développer de nouveaux concepts. Je prévois de chercher de nouveaux quartiers pour y implanter des magasins, d'améliorer les magasins actuels et d'exporter la marque à l'étranger dans un futur proche. » La communication, le marketing et la constitution d'un réseau ont été des éléments essentiels de la marque. Otara a fait preuve d'innovation dans ces domaines, via l'élaboration de ses sites Web primés et son usage des réseaux sociaux pour la promotion. Elle pense aussi que les start-ups doivent impérativement « comprendre le marché, tâcher de se démarquer, travailler dur et, plus que toute autre chose, y prendre du plaisir ».

Odel, la marque d'Otara, est née des invendus d'un détaillant qu'elle vendait dans le coffre de sa voiture. Elle en a fait une chaîne de magasins d'une valeur de plus de 40 millions de dollars qui vendent sa propre marque.

Chapitre 10 : Fabriquer son produit

Pour une jeune marque de mode, la fabrication du produit est souvent l'étape la plus délicate. Il est difficile de trouver un fabricant capable de produire vos modèles selon les critères de quantité, de qualité et de prix que vous avez définis. Ce chapitre vous donnera un panorama complet de cette phase.

Par qui faire fabriquer ?

Il est important de bien comprendre les modalités et les détails techniques de la phase de fabrication pour que vous soyez en mesure de prendre les décisions les mieux adaptées. Pour fabriquer votre produit, plusieurs choix s'offrent :

La fabrication en interne :

- ✖ Répandue dans les petites entreprises de mode où le créateur est formé à l'élaboration des patrons et sait utiliser les machines.
- ✖ La capacité de production est très réduite.
- ✖ Permet de mieux contrôler la qualité du produit.
- ✖ Peut être problématique en cas de commandes importantes.
- ✖ Vous êtes responsable de l'achat des tissus et des fournitures.

L'artisan-façonnier :

- ✖ Sous-traite la production et la réalisation à une main-d'œuvre plus qualifiée (patronniers, couturières).
- ✖ Pratique un tarif horaire / journalier ou patron / vêtement / accessoire.
- ✖ La capacité de production est très réduite.
- ✖ S'il est à proximité, vous pouvez garder un contrôle sur la qualité.
- ✖ Peut être problématique en cas de commandes importantes.
- ✖ Vous êtes responsable de l'achat des tissus et des fournitures.

Le sous-traitant CCF (Coupe, Confection, Finition) :

- ✖ Sous-traite production et réalisation à une unité de production possédant un certain nombre d'ouvriers spécialisés qui vont réaliser la coupe, l'assemblage et les finitions.
- ✖ Offre une production pour de petites quantités et pour de plus grosses si nécessaire.
- ✖ Vous êtes responsable de l'achat des tissus et des fournitures.

Le fabricant de produits finis :

- ✖ Sous-traite la production et la réalisation à une usine qui vous fournira un produit fini avec les patrons et les tissus, et la CCF.
- ✖ Peut proposer des services complémentaires : sélection des tissus et fournitures, réalisation des étiquettes tissu et des étiquettes de prix.

Image de David Hardy.

- Le produit livré est prêt à être expédié aux clients.
- En fonction de la taille de l'usine, il permet en général la production en grande série.

La phase de production

Fréquemment, les petites marques de mode traitent l'ensemble de la confection de leurs prototypes et de leur production en interne, ou s'en remettent à des entreprises locales. Néanmoins, face à l'expansion de votre entreprise, vous devrez probablement chercher une usine de Coupe, Confection, Finition (CCF) ou une structure plus conséquente. Les start-ups n'échappent pas à la règle : c'est au début que le processus de production est le plus difficile. Certes, les premiers temps, vous n'obtiendrez peut-être pas la quantité de commandes minimale exigée par les gros fabricants, et ne pourrez donc pas vous offrir leurs services, mais il est certain que le produit fini qu'ils fournissent réduira votre charge de travail. Ces fabricants ont souvent des relations établies avec des fournisseurs qui peuvent réduire les coûts, les minimums et les délais de réassort. Lorsque vous maintenez la production en interne ou travaillez avec une entreprise familiale ou un sous-traitant, vous êtes directement responsable de l'ensemble de l'approvisionnement de tous les éléments qui composeront le produit. En fonction de son degré de complexité et de la difficulté à trouver ces composants, vous pouvez passer beaucoup de temps à chercher des collaborateurs, à vous approvisionner auprès de fournisseurs et à négocier des délais d'exécution. Il est impératif de ne pas vous noyer dans ces démarches ; c'est pourquoi le rôle du chef de produit sera l'un des plus importants que vous aurez à jouer. Plus votre

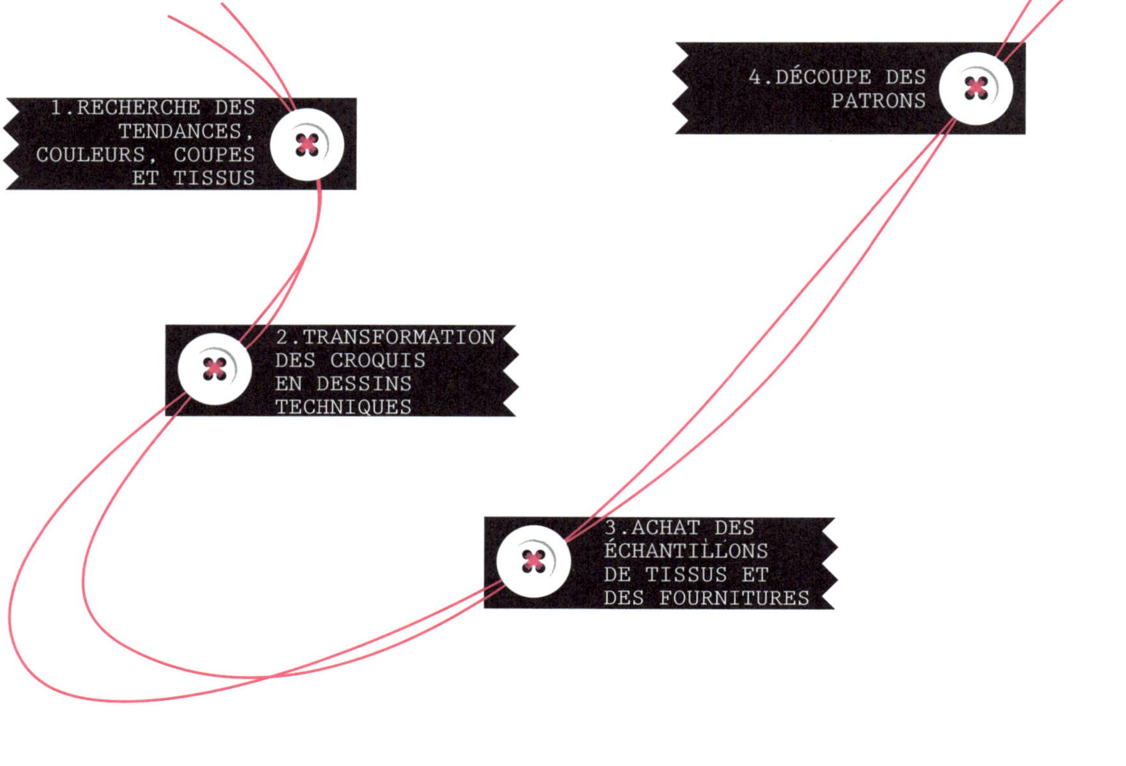

chaîne de fabrication sera rapide et régulière, plus votre entreprise aura de chances de prospérer.

Si le type de produit conçu détermine le processus de production, certaines étapes clés sont communes à la fabrication de la plupart des articles de mode.

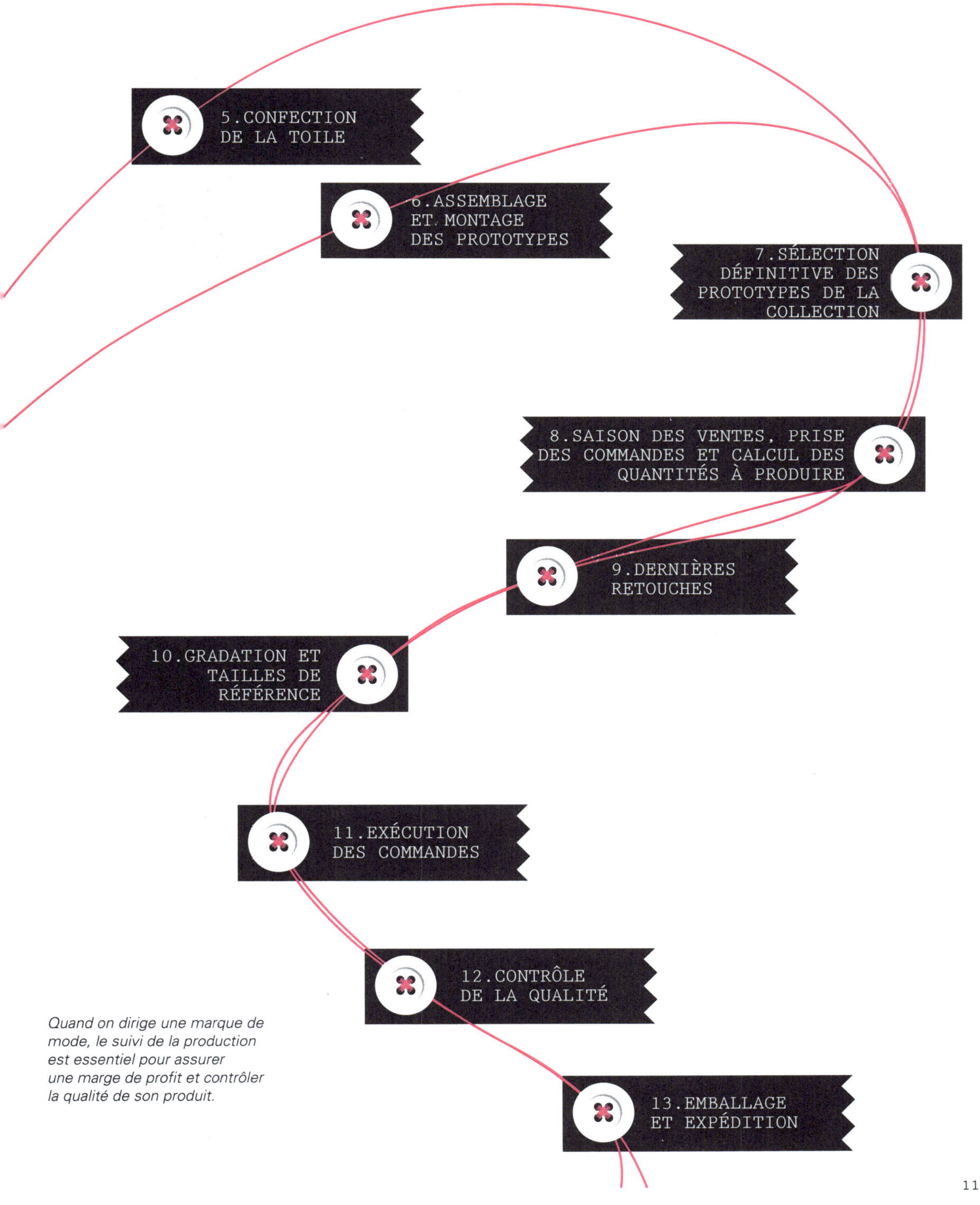

Quand on dirige une marque de mode, le suivi de la production est essentiel pour assurer une marge de profit et contrôler la qualité de son produit.

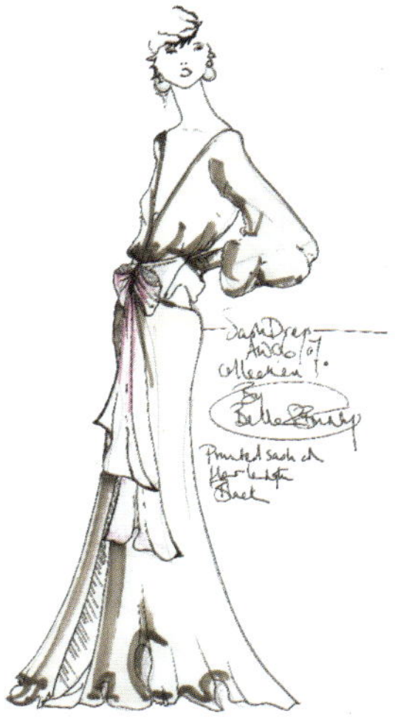

Le premier croquis du styliste est converti en dessin technique. Celui-ci sera confié au fabricant qui réalisera le vêtement final.

Recherche des tendances, couleurs, coupes et tissus

Dans le chapitre 8, nous avons montré que les tendances sont issues de sources très diverses. Tenez-vous informé.

Transformation des croquis en dessins techniques

Au moment de confier la production des modèles aux fabricants, vous devez fournir des dessins techniques, appelés aussi aplats (voir ci-dessus). Ces dessins doivent être très précis, car si le prototype ne correspond pas à ce que vous souhaitiez, cela entraînera des frais supplémentaires.

Achat des échantillons de tissus et des fournitures

Pour réussir à créer une ligne de produits, vous devez être capable de trouver les tissus et les fournitures appropriés dans les quantités nécessaires et à un prix intéressant. En général, les fabricants de produits finis fournissent les tissus. Cependant, les créateurs préfèrent souvent les choisir eux-mêmes. Certains développent leurs propres matières pour offrir des produits exclusifs.

Conseils pour acheter vos tissus à un salon du textile

***Suzanna Crabb** – Directrice de création de la marque Suzanna*

- *Avant de vous rendre au salon, ayez une idée assez précise des tendances qui vous intéressent. La visite du salon en confirmera l'existence. C'est aussi un lieu d'inspiration pour découvrir de nouvelles modes.*
- *Dressez une liste approximative de vos achats : denim, soie imprimée ou jersey par exemple, car les salons sont très vastes et les stands sont généralement répartis par types de matières.*

* *Emportez des cartes de visite.*

* *Visitez le salon le dernier (ou le premier) jour, quand il y a moins de monde, pour accéder aux stands plus facilement et choisir vos échantillons.*

Pour trouver les tissus dont vous avez besoin pour créer vos modèles, vous pouvez ou bien faire appel à un acheteur textile ou aller directement dans les salons. Les grandes foires internationales, comme Première Vision et Texworld, à Paris, attirent un grand nombre d'exposants et de visiteurs. Les acheteurs textile travaillent avec les fournisseurs et les tisseurs.

Pour une jeune entreprise, il est préférable de commander les tissus une fois que vous savez exactement les quantités que vous avez vendues. Les grands créateurs font des prévisions au début de chaque saison à partir des ventes des saisons précédentes, mais toutefois, pour une petite marque, cette façon de procéder est imprudente.

Découpe des patrons

La première étape de la réalisation des prototypes est la découpe des patrons, qui forment la matrice du modèle. C'est principalement à cause d'une coupe mal réalisée qu'un article de mode se vend mal. Veillez donc bien à employer des personnes vraiment qualifiées pour remplir cette fonction.

Confection de la toile

Les toiles sont réalisées après la découpe des patrons. Avant de procéder à l'assemblage du prototype avec le tissu définitif, le modèle est réalisé dans une toile de coton ordinaire.

Les toiles font souvent l'objet de rectifications avant la réalisation des prototypes.

Assemblage et montage des prototypes

Après avoir choisi le tissu et découpé le premier patron, c'est le moment d'assembler et de monter les prototypes. Les prototypes de vos modèles vous serviront à démarcher les acheteurs et à promouvoir votre collection. Il va sans dire que ceux-ci doivent être parfaits. Si vous avez bien suivi toutes les étapes de la chaîne de confection, il n'y a pas de raison que les prototypes soient différents de vos croquis initiaux. Néanmoins, il est fréquent de devoir apporter des modifications à vos prototypes si vous avez sous-traité leur réalisation.

Sélection définitive des prototypes de la collection

Quand les prototypes reviennent de l'atelier, il se peut que vous trouviez que certains modèles ne fonctionnent pas très bien ensemble. Il sera peut-être préférable de ne pas les inclure dans votre collection.

Prise des commandes et calcul des quantités à produire

À la fin de la saison des ventes et une fois que vos commandes sont validées (voir chapitre 11), il faut calculer le nombre de modèles à produire, avec le nombre exact de pièces par type de modèle, par coloris et par taille. Ce calcul suppose de déterminer avec exactitude les quantités de tissus et de fournitures nécessaires à la fabrication des vêtements. Les fabricants de produits finis prennent en charge le suivi de la fabrication de vos produits et calculent les quantités de tissus et de fournitures. Si vous assurez la production en interne ou si vous faites appel à une petite structure ou à un façonnier en contrat CCF, c'est à vous de faire ce calcul. Faites bien attention à ne pas sous-estimer ou surestimer les quantités. Des logiciels pourront vous aider à effectuer ces calculs.

En plus du dossier technique de fabrication pour la production en série, il est conseillé d'établir un cahier des charges précis reprenant les dessins techniques avec les détails de confection ainsi que les quantités à produire pour chaque taille.

Dernières retouches apportées au produit

À la fin de la période des ventes, il est possible que votre produit exige certaines modifications. Votre équipe de production doit être clairement et rapidement avertie de ces changements par écrit, afin qu'ils soient reportés sur les dessins techniques ou le dossier de fabrication.

Gradation et taille de référence

Avant de commencer à vendre votre collection, il est important de choisir les tailles que vous souhaitez commercialiser. Vous devez grader vos patrons (un pour chaque taille) en transposant les tailles à partir de la taille de référence.

Exécution des commandes

Il est nécessaire d'assumer la fonction de chef de produit pour suivre toutes les étapes de la production des têtes de série. Au départ, il est probable que ce soit vous qui vous en chargiez. Après vous être entendu avec les acheteurs sur les dates de livraison (voir chapitre 11), on comptera sur vous pour respecter l'échéancier et veiller à la qualité des produits. Vous devez suivre toutes les étapes de la fabrication en étroite collaboration avec votre équipe de production. Évidemment, si vous faites fabriquer à l'étranger, le suivi sera plus difficile. Établissez un échéancier précis avec votre unité de production en imposant des mises au point hebdomadaires ou mensuelles. C'est à vous de faire respecter ce calendrier.

Au début, c'est souvent vous qui vous chargez des contrôles qualité des produits ainsi que de l'emballage et des expéditions.

Contrôle de la qualité

Un produit de qualité médiocre sonne le glas d'une jeune marque. La seule façon de garantir la qualité est de vérifier chaque modèle un par un.

Vos contrôles qualité doivent être effectués tout au long de la chaîne de fabrication pour réduire les risques de problèmes éventuels. Si vous découvrez des anomalies et que vous devez alors relancer la fabrication de certains modèles, vous risquez de ne pas pouvoir livrer les produits à temps.

Emballage et expédition

Vous devez convenir des modalités d'expédition avec vos acheteurs. Pour les petites marques, ce sont souvent les magasins eux-mêmes qui gèrent les expéditions. Ce procédé vous protège au cas où il surviendrait quoi que ce soit une fois que les produits ont quitté votre atelier. Au moment de la vente, assurez-vous que toutes les conditions sont stipulées dans votre contrat. Cependant, les magasins pourront, par exemple, exiger que les vêtements leur parviennent sur cintre. Ils ont des instructions spécifiques et on vous demandera souvent d'être présent le jour de la livraison. Si vous ne vous conformez pas à leur règlement, les produits peuvent vous être renvoyés, à votre charge.

Si vous vendez à l'export et que vous avez inclus la livraison dans la vente de votre produit, vous prenez en charge non seulement l'expédition, mais aussi tous les frais d'importation et de taxes douanières. Assurez-vous que vous aviez tenu compte de ces frais au préalable.

Si vous faites fabriquer votre produit à l'étranger, il est conseillé de faire appel à une société de transport spécialisée qui se chargera d'organiser l'expédition, assurance et papiers de douane compris. Essayez de négocier une période de crédit avec votre compagnie de transport. En règle générale, ces sociétés couvrent les frais de douane et d'importation avant de vous les facturer, ce qui vous laisse un peu plus de temps pour procéder au règlement.

Les minimums

La production de petites quantités de marchandises est souvent peu rentable. Ainsi, pour qu'une commande le soit, le fournisseur ou le fabricant imposent un minimum de commande. Les minimums de commande s'appliquent généralement aux commandes de tissus et de fournitures ainsi qu'aux quantités à fabriquer.

Les minimums de commande sont très variables ; pour les commandes de tissus, l'éventail est de 20 à 2000 mètres, mais, pour le secteur créateur, elles commencent généralement à 200 mètres. Pour la fabrication, vous trouverez des prestataires CCF qui vous établiront des devis par modèle. Le prix sera souvent supérieur à ceux pratiqués par des prestataires de produits finis, qui commencent parfois avec 500 vêtements par modèle.

Comment gérer les minimums de commande

- ***Proposez de payer plus*** : Même si les fournisseurs imposent des minimums de commande pour optimiser leurs marges, il se peut que le prix à l'unité ne soit pas si élevé.
- ***Renseignez-vous sur les stocks disponibles*** : La plupart des fabricants et des fournisseurs gardent un stock de tissus et de produits finis. Si vous ne trouvez pas exactement le tissu que vous recherchez, demandez s'ils ont des tissus comparables en stock. En fonction du caractère plus ou moins exclusif de vos modèles, vous pourrez trouver un autre produit quasi similaire.
- ***Ajoutez quelque chose à votre commande :*** Si vous n'atteignez pas le minimum de commande requis, demandez s'il est possible d'ajouter autre chose à votre commande.
- ***Faites preuve de créativité*** : En restreignant le nombre de modèles et de coloris, vous pouvez arriver au minimum de commande requis. Sinon, vous pouvez aussi commander une grosse quantité de tissu blanc et le teindre vous-même. Certains créateurs se sont fait un nom grâce à l'exclusivité de leurs matières.

L'exclusivité

Pour une petite commande, les fournisseurs sont parfois peu enclins à vous donner l'exclusivité. Sans cela, vous prenez le risque de vous faire doubler par un donneur d'ordre plus important et vous retrouver sans produit ni tissu. Quelqu'un peut aussi lancer un produit similaire au vôtre à un prix plus bas.

Aujourd'hui, la question de l'exclusivité est devenue cruciale. Par exemple, l'utilisation d'un tissu imprimé exclusif vous permettra de vous démarquer de vos concurrents.

Vous pouvez évidemment fabriquer votre imprimé vous-même, mais si vous achetez le tissu ou le produit déjà tout fait, assurez-vous que vous êtes le seul à l'avoir choisi.

Pour le créateur de chaussures Gil Carvalho, le choix de l'Italie s'imposait pour faire fabriquer ses chaussures.

Trouver un fabricant

Si votre volume de vente s'accroît, vous devrez faire appel à des fabricants plus importants.

Les petites entreprises de mode connaissent souvent des difficultés avec leurs fabricants, car elles n'ont pas suffisamment pris le temps de trouver le façonnier qui leur convient. Plusieurs paramètres sont à prendre en compte :

L'emplacement

L'idéal est de trouver un fabricant qui ne soit pas trop éloigné de votre atelier. Si cette option n'est pas envisageable, commencez par chercher un fabricant dans votre région. S'il est trop éloigné, des problèmes de communication risquent de survenir. En outre, il vous sera difficile de vous rendre sur place. Parfois, le choix du lieu est dicté par le type de produit que vous fabriquez, voire par l'image que vous voulez refléter.

Comme l'explique le créateur de chaussures Gil Carvalho, « les chaussures de luxe pour femmes sont synonymes de fabrication italienne, j'ai donc très vite compris que je n'avais pas vraiment d'autre choix que de les faire fabriquer là-bas. Nous avons juste choisi l'usine qui répondait le mieux à nos attentes. »

Si votre fabricant se trouve à l'étranger, il est conseillé de faire appel à un responsable de ligne pour s'occuper du suivi de la production. Les responsables de ligne de fabrication, qui supervisent plusieurs ateliers en même temps, pourront vous orienter dans le choix des fabricants.

Certains sites Internet comme www.facon-france-habillement.com proposent un annuaire de fabricants et de façonniers. Avant d'entreprendre quoi que ce soit, commencez par prendre contact avec eux. Ensuite, conduisez votre propre enquête et rendez-leur visite sur place pour vous assurer qu'ils correspondent à vos attentes. Pour obtenir une liste des fabricants du monde entier, vous pouvez contacter les Chambres de commerce de différents pays.

EXERCICES

1 *Identifiez trois marques de mode qui proposent des produits de qualité avec de très bonnes finitions. Allez voir leurs distributeurs et regardez les étiquettes des vêtements pour voir où les vêtements sont fabriqués. Poursuivez vos recherches sur Internet. Si les produits sont fabriqués à l'étranger, contactez l'ambassade ou la Chambre de commerce du pays en question et demandez-leur une liste des façonniers.*

2 *Regardez dans les pages jaunes de votre ville et faites la liste des couturiers, des tailleurs et des teinturiers. Appelez-les pour connaître leurs tarifs. Même si vous travaillez avec un gros fabricant, il n'est pas inutile de pouvoir faire appel à quelqu'un de qualifié en cas d'urgence.*

L'équipement, les machines et les techniques de production

Il est conseillé de travailler avec un fabricant spécialisé dans les tissus que vous utilisez et de veiller au fournisseur. Avant de vous engager dans la production en série, faites faire un prototype pour voir la qualité de la façon. Même si ce service vous est facturé, cela vous évitera bien des déceptions.

Si vous achetez vos tissus et des fournitures dans un autre pays que le vôtre, vérifiez bien les taxes sur tous les produits que vous importez. Certains pays taxent beaucoup certaines matières pour protéger leur propre marché.

La qualité

La qualité de votre produit est essentielle à la réussite de votre marque, et plus le niveau de prix que vous pratiquez est élevé, plus le produit devra être de qualité. Ce que l'on entend par qualité peut varier d'un pays à l'autre, c'est pour cette raison que les prototypes sont si importants. Le prototype vous permettra de juger de la qualité du produit que vous allez faire fabriquer.

Les délais

Une fois que vous avez convenu avec les acheteurs d'une date de livraison en magasin, vous devez être sûr que votre façonnier puisse vous livrer à temps. Les délais de fabrication varient beaucoup d'une usine à l'autre, en moyenne entre soixante et quatre-vingt-dix jours, temps de livraison des tissus et des fournitures inclus. Cependant, la date de livraison correspond à la date où les produits sont prêts à partir, et non à la date où ils vous sont livrés.

La quantité

Le fabricant peut-il livrer les quantités dont vous avez besoin au prix sur lequel vous vous êtes entendus ?

La fiabilité

Votre fabricant doit être fiable. S'il vous fixe une date de livraison, cela signifie que les produits doivent être prêts le jour convenu. Quand vous déterminez un niveau de qualité, il doit s'y conformer. Il est également important que l'entreprise soit stable et qu'elle ne fasse pas faillite pendant la production de vos séries. Exigez des références de leurs clients.

La négociation

Ce n'est pas avec des petites quantités que le fabricant gagnera bien sa vie. Quand vous débutez, vous n'êtes pas le client idéal, et vous verrez que beaucoup de façonniers refuseront même de travailler avec vous. Essayez de convaincre les fabricants qu'ils ont tout intérêt à fabriquer vos produits du mieux qu'ils peuvent. Pour les convaincre, vous pouvez :

- Faire une commande plus importante.
- Repasser une commande.
- Payer à réception de la facture.
- Informer les fabricants quand la presse parle de vous. Ils ont tout à gagner à travailler pour une société qui marche bien.

La mode éthique

Comme nous l'avons déjà abordé page 11, davantage de marques de mode recourent à des matériaux durables et des pratiques éthiques pour développer leurs produits. En raison de la rareté relative des tissus et des fabricants répondant aux normes éthiques requises, votre charge de travail peut être accrue par la mise en place et la supervision du processus de production, mais ce choix peut renforcer la valeur non seulement du produit mais également de la marque. Beaucoup d'entreprises de ce secteur placent en effet la durabilité au cœur de leur image de marque.

Conseils pour les marques souhaitant intégrer des pratiques éthiques

***Claire Hamer** – Fondatrice de Ei8ht*

- *Ne menez pas tout de front en même temps. Choisissez un thème accrocheur clé de la « durabilité » et veillez à le communiquer au consommateur. Tout autre élément est un bonus, un objectif qui doit vous guider. Il est essentiel d'expliquer au client que vous tendez vers un but, autant que de souligner vos résultats positifs à ce jour.*

- *Le produit doit toujours être considéré en premier, dans le cas contraire vos collections ne susciteraient pas le désir et votre marque ne serait donc pas financièrement viable. Ne vous imposez aucune limite; les jeunes marques peinent à trouver des tissus durables beaux et abordables.*

- *Une fois que vous aurez une collection dont vous serez fier, investissez dans la stratégie de marque et la présentation de votre catalogue. On les néglige trop souvent.*

- *Renseignez-vous sur ce que font d'autres marques durables et comment elles communiquent leur message.*

- *Si vous travaillez avec des petites coopératives, pensez à garder des photos ou des films de leurs activités, et trouvez une façon élégante de les transmettre à votre client cible et aux médias. Ce genre d'histoire touche tout le monde; racontée avec créativité, elle peut véritablement capter leur attention et leur donner envie d'y prendre part.*

- *Vous devez toucher les clients avec une histoire passionnée, engageante..., mais ne risquez pas de tout perdre en manquant de clarté et de transparence.*
- *Si vous vous démenez pour trouver davantage de matériaux durables mais souhaitez présenter quelques pièces, envisagez de collaborer avec une marque ou un acheteur plus important, car leur pouvoir d'achat pourrait vous donner plus de possibilités.*
- *Les matériaux constituant un problème particulier, penchez-vous sur l'aspect social de la mode éthique. Il existe de plus en plus de coopératives de commerce équitable avec lesquelles vous pourriez travailler. Parmi elles, citons SOKO au Kenya, avec laquelle Ei8ht travaille pour la collection ASOS Africa* (www.soko-kenya.com).

La mode durable par Christopher Raeburn.

Conditions et règlements

Il est important de s'entendre sur les conditions et les règlements, idéalement sous la forme d'un contrat, même si les fabricants rechignent souvent à en signer et que vous devrez vous en tenir à des accords tacites ou à des confirmations par email. Le contrat devra comporter les éléments suivants :

Accord de fabrication du produit fini

Il recouvre les quantités, l'expédition, le paiement, l'assurance, la qualité et les délais. Ce contrat doit également interdire au fabricant de vendre vos créations à un tiers sans en avoir discuté au préalable avec vous et sans votre accord.

Accord sur les échantillons

La réalisation d'un échantillon de modèle vous sera-t-elle facturée ou sera-t-elle gratuite dans le cas où vous poursuivez la production ? Et qui détient les droits de l'échantillon si vous décidez de ne pas lancer la production avec le même façonnier ?

Confidentialité et clause de non-divulgation

Cette clause doit stipuler que le fabricant est tenu de garder votre produit secret, ne pas en parler ni le montrer en dehors de son atelier et du vôtre.

Devis et conditions de paiement

Généralement, le fabricant vous donne une estimation globale du prix à partir des dessins techniques que vous lui confiez. Une fois les prototypes réalisés, il vous fera un devis précis par modèle. Si vous travaillez avec un fabricant de produit fini, le prix comprend toutes les opérations, excepté les frais de livraison. Essayez de négocier ce prix, car les fabricants proposent souvent un coût qu'ils s'attendent à voir être revu à la baisse. Il est également important de s'entendre sur les conditions de paiement.

La livraison

La plupart du temps, les fabricants ne prennent pas en charge l'expédition de votre produit, surtout s'il existe des taxes à l'import ou à l'export. Vérifiez dans le devis ce qu'inclut le prix unitaire.

Conditions habituelles de livraison

Prix départ usine : *Ce prix inclut seulement le coût des produits et vous êtes responsable du transport, de l'assurance et des taxes soumises à l'expédition du produit. Les produits deviennent votre propriété dès qu'ils quittent l'usine.*

FOB (franco à bord) : *Les marchandises sont déclarées livrées au moment où celles-ci franchissent le bastingage, qui correspond au moment où les marchandises sont embarquées à bord du bateau dans leur container.*

CAF (coût, assurance et fret) : *Le fabricant propose un prix qui inclut le coût des marchandises, l'assurance pendant leur acheminement jusqu'au point de déchargement et les frais de transport, quel que soit le fret utilisé pour faire parvenir les marchandises jusqu'à vous.*

CF (coût et fret) : *Le fabricant fournit un prix qui inclut le coût de la marchandise et le fret, sans l'assurance.*

RDA (rendu droits acquittés) : *Le prix inclut les marchandises, l'assurance, le fret et les formalités douanières à régler pour l'importation du produit.*

La chaîne de fabrication comprend plusieurs étapes qui doivent chacune faire l'objet d'un suivi constant. Il est fortement conseillé de savoir en quoi consiste chaque étape. C'est peut-être l'aspect de votre activité qui vous demandera le plus de temps et d'énergie, surtout si vous créez une nouvelle collection deux, trois ou même quatre fois par an. Il faut en même temps veiller à ce que les prototypes arrivent dans les délais et soient conformes aux spécifications, gérer le suivi de la production des commandes des saisons précédentes et leur approvisionnement.

Donnez-vous entre douze et dix-huit mois pour mettre en place votre chaîne logistique. C'est le temps nécessaire pour que vous vous sentiez suffisamment sûr de vous au moment de commercialiser votre produit pour la première fois. Il faut que votre infrastructure soit bien en place pour optimiser le potentiel de votre activité. Ne brûlez pas les étapes et ne croyez pas que la production se fera toute seule.

Calendrier de la production (hémisphère nord)

Mois	Printemps / été 2013	Automne / hiver 2013
Mars 2012	Recherche des tissus Premiers croquis	
Avril 2012	Sélection des tissus Commande des tissus	
Mai 2012	Réalisation des patrons Lancement des prototypes	
Juin 2012	Développement des collections	
Juillet 2012	Plan de fabrication Retouche des prototypes	
Août 2012	Début de la saison des ventes	
Septembre 2012	Présentation des collections Poursuite des ventes	Recherche des tissus Premiers croquis
Octobre 2012	Clôture des commandes	Sélection des tissus Commande des tissus
Novembre 2012	Commande des fournitures Début de la production	Réalisation des patrons Lancement des prototypes
Décembre 2012	Suivi de la production	Développement des collections
Janvier 2013	Suivi de la production	Plan de fabrication Retouche des prototypes
Février 2013	Arrivée de la marchandise Approvisionnement en magasin	Début de la saison des ventes
Mars 2013	Poursuite des livraisons Relance des créances	Présentation des collections Poursuite des ventes
Avril 2013		Clôture des commandes
Mai 2013		Commande des fournitures Début de la production
Juin 2013		Suivi de la production
Juillet 2013		Suivi de la production
Août 2013		Arrivée de la marchandise Approvisionnement en magasin
Septembre 2013		Poursuite des livraisons Relance des créances

Étude de cas : Christopher Raeburn

Le jeune créateur anglais Christopher Raeburn s'est fait connaître grâce à son concept innovant de collections homme et femme respectueuses de l'environnement, conçues avec des tissus militaires récupérés. Après son master au Royal College of Art de Londres en 2006, il a débuté comme patronnier en free lance avant de lancer sa marque éponyme deux ans plus tard.

Christopher confectionne toutes ses créations à partir de tissu militaire ; ainsi, tous ses matériaux sont recyclés. Il souligne cependant que « l'esthétique du produit diffère radicalement de celle de la plupart des créateurs soucieux de l'environnement ». Il a commencé à les utiliser alors qu'il était encore étudiant, dans différents vêtements recyclés, afin de peaufiner ses techniques. « Les tissus militaires m'ont toujours fasciné. » Et ce, pour deux raisons : « C'est un tissu fonctionnel et imperméable, qui est produit en quantité excédentaire afin de s'assurer qu'il y ait assez de tenues pour parer à toute éventualité. » Ainsi, « il existe des stocks incroyables de tissu à peine utilisé ». Ce choix a permis à Christopher d'utiliser une pléiade de matériaux : parachutes, vestes de tenues d'assaut, pantalons ignifugés, ponchos, tentes...

Toutes les créations de Christopher sont produites au Royaume-Uni dans une petite usine dans l'est de Londres. « "Refabriqué en Angleterre" décrit le principe même de mon activité au Royaume-Uni. Nous déconstruisons totalement les vieux vêtements puis les "refabriquons" pour en faire de nouveaux vêtements contemporains. » Il a employé du tissu militaire en provenance du Royaume-Uni, d'Allemagne, de République tchèque et de l'ex-Allemagne de l'Est, « qui dégage une impression d'après-Guerre froide ». La difficulté « est de trouver des quantités suffisantes pour confectionner 100 à 200 vêtements selon les besoins ».

Christopher tient à préciser qu'il n'avait pas l'intention de se démarquer comme un créateur sensible aux questions du développement durable, mais en réalité, « un très heureux accident » l'y a conduit. Son principal objectif a toujours été « un vêtement bien conçu, produit en Angleterre ». La dimension éthique « est née de mon travail créatif et de ma volonté d'utiliser ce tissu

particulier ». Quoi qu'il en soit, Christopher est aujourd'hui considéré comme l'un des piliers de la nouvelle génération de créateurs soucieux du développement durable ; il a été le premier lauréat du prix de l'innovation du Forum de la mode éthique. Les critères sont la qualité du produit et l'originalité, ainsi que l'innovation sur les plans écologique et social. La récompense comprenait un espace gratuit d'exposition dans une installation à Estethica, plate-forme de la Fashion Week de Londres pour la mode éthique, qui a fait office de vitrine pour le lancement de sa marque. Christopher s'est servi de ces installations pour promouvoir ses créations ; Liberty à Londres et Barneys à New York lui ont aussi demandé de créer des présentations visuellement époustouflantes.

En cours de route, Christopher a obtenu un prestigieux parrainage NEWGEN (New Generation) du British Fashion Council, qui lui a donné l'opportunité de présenter ses collections homme et femme à l'occasion de l'exposition principale de la Fashion Week de Londres, et de participer à la vente des showrooms de Londres organisés à Paris et New York. La directrice de la création de Selfridges et Harrods, Susanne Tide-Frater, a été son mentor dans le cadre de l'Eco Mentoring Scheme du British Fashion Council. Christopher a également été accepté dans le Venture Programme du Centre For Fashion Enterprise (CFE), une plate-forme innovante pour le développement des entreprises à Londres, destinée aux créateurs de mode émergents. Le CFE proposait une aide à l'activité sur mesure auprès d'une équipe de développement commercial expérimentée et un espace dans un atelier. « Le CFE a contribué à l'accélération de mon activité au quotidien. Son soutien m'a permis d'être sûr que l'organisation de mon entreprise était désormais efficace. »

Aux yeux de Christopher, l'intégrité est primordiale dans le processus de création. Il trouve très gratifiant de « donner une nouvelle vie à un bout de tissu » et de savoir que dans le monde entier, « des clients ont vraiment compris mon travail ; j'en suis incroyablement fier ».

Son style innovant et son utilisation de tissus récupérés ont fait de Christopher Raeburn une figure majeure de la mode durable.

Chapitre 11 : Vendre sa collection

La vente repose sur une stratégie : il faut parler et construire des relations de confiance durables. Les gens achètent aux personnes qu'ils aiment bien. En fonction de la stratégie commerciale que vous adoptez, il est possible que l'occasion de rencontrer des acheteurs ne se produise que deux fois dans l'année. Il est donc important de ne pas rater cette opportunité. Vous devez également apprendre à vanter les mérites de votre produit. Ce chapitre s'intéresse à tous les aspects de la vente, aux professionnels et aux particuliers, ainsi qu'aux contrats de franchises. Il passe également en revue les formalités administratives liées à la vente de vos produits.

La période des ventes

Avant de savoir exactement quand vous pourrez commencer à vendre les modèles de votre collection, vous devez avoir élaboré une stratégie commerciale. Comptez-vous vendre aux professionnels, aux particuliers ou aux deux ?

La vente aux professionnels

Pour la plupart des grossistes de mode, la vente est conditionnée par les collections printemps / été et automne / hiver, avec deux périodes par an qui durent entre deux et quatre mois chacune. C'est le moment où les acheteurs de magasins reçoivent leur budget pour les nouvelles collections. Si vous avez la capacité de réapprovisionner en marchandises pendant toute la saison, des périodes de vente supplémentaires peuvent être envisagées. Les collections de prêt-à-porter homme sont généralement présentées les premières.

Les pré-collections sont présentées jusqu'à trois mois avant les principaux défilés de chaque saison et jouent un rôle économique croissant pour la survie du secteur. Ces collections se composent généralement de modèles plus faciles à porter et à des prix plus abordables que les collections principales. Elles se sont développées en réaction au modèle de « fast fashion » imposé par la grande distribution. Beaucoup d'acheteurs de mode créateur préfèrent passer leurs commandes avant les grands défilés, car les livraisons de ces collections arrivent souvent trop tard pour leur clientèle. Comme les clients de la mode créateur aiment acheter les nouveaux modèles avant tout le monde, les acheteurs veulent avoir leurs collections en magasin avant que la saison des ventes commence pour de bon. Les pré-collections permettent aux magasins d'offrir des modèles en exclusivité et laissent aux créateurs la possibilité de créer des modèles plus originaux pour leurs défilés.

Prise de commande au salon Magic de Las Vegas.

Calendrier des ventes en gros

Pré-collection automne / hiver	Décembre
Principale collection automne / hiver	Janvier à avril
Pré-collection printemps / été	Juillet
Principale collection printemps / été	Août à novembre

Il est possible que votre produit ne soit pas conçu en fonction d'une saison spécifique. Vos distributeurs peuvent vous solliciter toute l'année pour être réapprovisionnés. Il est donc important que vous gardiez des produits en stock ou que votre chaîne logistique permette de traiter une commande rapidement.

La vente aux particuliers

La vente aux particuliers est aussi rythmée par les saisons. Les marchandises doivent arriver dans les magasins entre trois et six mois après la vente aux professionnels. Dans le secteur créateur, il est courant que les collections printemps / été arrivent en magasin en janvier-février, et pour les collections automne / hiver en août-septembre. Pour les produits destinés à la grande distribution, les cycles de vente sont plus courts, mais plus fréquents. Le produit arrive en magasin au moment exact de l'année où il est destiné à être porté (voir le modèle de « fast fashion », page 17).

Le commerce de gros

Les grossistes vendent des marchandises à un tiers qui les revendra au client final. À partir du moment où vous avez besoin d'une boutique, d'un grand magasin ou d'une boutique en ligne (comme www.net-a-porter.com) pour vendre vos marchandises, même quelques modèles, vous serez considéré comme un grossiste.

Le grand avantage de la vente aux professionnels est que vous pouvez limiter votre investissement de stock initial à la quantité de modèles commandée par les boutiques. Ainsi, avant d'acheter vos produits à votre fabricant, vous savez d'avance de combien de pièces vous aurez besoin, dans quels styles, quels coloris et quelles tailles.

Votre marge de profit sur un produit est aussi plus faible (voir chapitre 13).

Les trois raisons principales pour lesquelles beaucoup de jeunes marques de mode choisissent la vente aux professionnels sont :

Un budget limité : La vente au détail nécessite un investissement financier plus conséquent, notamment dans un stock. Les petites entreprises ne peuvent tout simplement pas se permettre de vendre au détail.

La distribution : La vente en gros vous permet d'être représenté dans des centaines de points de vente dans le monde et de rendre votre marque instantanément accessible à un nombre important de clients potentiels.

Si vous voulez que les acheteurs choisissent de représenter votre marque, soignez la présentation de votre collection.

La crédibilité : Un détaillant déjà bien implanté qui choisit de représenter votre marque dans son magasin apporte une légitimité à vos produits.

La vente en atelier

En tant que nouvelle entreprise de mode, il n'est pas évident de faire venir les acheteurs à votre atelier. Vos catalogues et vos autres outils de communication (voir chapitre 12) sont conçus pour les attirer et les convaincre de prendre rendez-vous. L'objectif premier de ces outils est de faire connaître votre marque et de présenter votre nouvelle collection. Sachez cependant que les acheteurs voient des centaines de catalogues à chaque saison. Il est donc important de prendre contact avec eux en les appelant directement pour s'assurer qu'ils ont reçu votre catalogue. Ce sera l'occasion de leur proposer un rendez-vous.

Votre atelier doit donner une bonne impression d'ensemble. La collection doit être montrée sous son meilleur jour. Soyez ordonné et organisé. Offrez un verre à vos acheteurs et vérifiez qu'il y a assez de sièges. Le sens de l'accueil et le confort font partie de la stratégie commerciale.

Le refus fait partie du jeu. Certains magasins bien implantés ne souhaitent pas nécessairement représenter de nouvelles marques, d'autres retiendront une ou deux collections sur la centaine qui leur est présentée. Avec de la chance, votre produit sera bien accueilli, mais, pour la plupart des jeunes marques, bâtir leur réputation auprès des magasins est un travail de longue haleine. Au bout de quelques saisons, quand l'acheteur se sera familiarisé avec votre produit et que votre dossier de presse sera plus étoffé, ils seront peut-être plus enclins à vous distribuer. Ne vous découragez pas.

Les salons

Les salons sont pour les acheteurs l'occasion de voir une multiplicité de collections dans un même lieu et pendant un laps de temps assez bref. Il est essentiel de savoir choisir le bon salon. Avant de prendre une décision, faites des recherches. À quels salons vos concurrents choisissent-ils d'exposer ? Demandez aux organisateurs une liste des exposants et des acheteurs qui ont visité leur salon aux saisons passées. Discutez avec des entreprises de mode qui ont participé à ces salons. Il ne suffit pas de consulter la liste des exposants des saisons passées.

Les salons jouent un rôle capital pour la vente aux professionnels. Avant de réserver un stand, renseignez-vous bien sur les salons existants et choisissez celui qui vous semble le plus approprié.

Les comités organisateurs des salons sélectionnent leurs exposants et s'efforcent de défendre la réputation de leur événement. Présentez votre dossier de candidature avec professionnalisme. Incluez si possible un dossier de presse. Si vous avez déjà des distributeurs, cela signifie que vous êtes susceptible d'attirer des acheteurs. Il est possible que vous ne soyez pas admis tout de suite, en particulier s'il s'agit d'un salon prestigieux qui représente des marques déjà bien implantées. Si vous êtes retenu, réfléchissez bien à la manière de présenter votre collection. Pour la première saison, essayez de limiter vos frais. Ne réservez pas un stand trop grand, mais assurez-vous tout de même d'avoir un espace suffisant pour présenter votre collection de manière professionnelle et attrayante. Vérifiez que vous avez assez de place pour présenter vos modèles sur des cintres. La plupart des salons proposent des stands avec une superficie minimale.

Vous devez présenter votre collection avec professionnalisme. Assurez-vous que les portants sont tous les mêmes et attachez des étiquettes papier sur chaque modèle.

Essayez de créer un espace stimulant qui laisse suffisamment de liberté d'interprétation. Il est important que les acheteurs viennent vers vous sans a priori.

Envoyez des catalogues et des invitations en précisant bien à quel(s) salon(s) vous exposez et le numéro du stand. La plupart du temps, les acheteurs visitent les salons moins pour découvrir de nouvelles marques que pour revoir les mêmes clients. Si vous savez que tel ou tel acheteur fréquente le salon où vous exposez, contactez-le au préalable pour vous présenter. Le jour J, il vous identifiera plus facilement et sera plus curieux de voir votre collection.

Les acheteurs de grands magasins se déplacent souvent en groupe. En général, ils savent exactement ce qu'ils recherchent et visitent des salons précis, comme Magic, à Las Vegas, où ils sont sûrs de trouver des marques qui correspondent à leur marché.

Positionnez tables et chaises de manière à optimiser l'espace. Vous pouvez installer une cabine pour que les acheteurs puissent essayer vos modèles. Il peut être utile de faire appel aux services d'un mannequin cabine parfaitement ajusté à la taille de vos modèles pour présenter votre collection.

Les types d'acheteurs

Il y a ceux qui savent exactement ce qu'ils recherchent (les acheteurs de grands magasins et de boutiques établies) et ceux qui débutent dans la profession. Vous trouverez des acheteurs bien disposés à acheter vos modèles, mais qui auront besoin d'être un peu dirigés. Vous trouverez des acheteurs qui seront sur la même longueur d'onde que vous et adoreront votre collection, alors que d'autres ne manifesteront aucun intérêt. N'autorisez personne à photographier vos modèles avant d'avoir passé commande, à moins que ce soit des personnes qui travaillent pour une boutique prestigieuse ou des journalistes accrédités (après quelques saisons, vous saurez qui est qui). Bien souvent, les acheteurs veulent vous voir plusieurs saisons d'affilée avant de vous passer commande afin de juger s'il existe une continuité et si votre marque évolue avant de prendre la décision de vous représenter.

Les acheteurs donnent souvent leur point de vue, qu'ils achètent ou non. Leur avis est intéressant, même si les critiques sont parfois difficiles à entendre. Vous vous rendrez vite compte que les goûts diffèrent d'un acheteur à l'autre, et qu'ils ont tendance à répercuter les besoins de leurs propres clients. Restez fidèle à ce que vous faites, votre créativité est ce qui fonde l'identité de votre marque.

Gardez les cartes de visite des acheteurs et notez au verso à quelle occasion vous vous êtes rencontrés, et ce qu'ils ont pensé de votre collection.

Exposer à l'étranger

Avant d'exposer à l'étranger, assurez-vous que vous avez les moyens financiers pour couvrir tous les frais. Sachez toutefois que certaines marques de vêtements rencontrent plus de succès à l'étranger que dans leur pays. En plus, la participation à ces salons apporte un certain crédit : présenter vos collections à Londres, à Paris, à Milan et à New York est le signe que vous jouissez déjà d'une certaine notoriété.

Discutez avec d'autres créateurs de leur expérience et renseignez-vous sur l'export en consultant le portail du ministère de l'Économie, des Finances et de l'Industrie www.import-export.gouv.fr. Il est même possible d'obtenir des subventions.

Maîtriser l'art de la vente

Étape 1 : Se fixer des objectifs
Fixez-vous des objectifs clairs, précis et mesurables selon un calendrier spécifique. Vos premiers objectifs doivent tenir compte de votre seuil de rentabilité ou point mort, à savoir le montant minimal de ventes à atteindre pour faire face à toutes les charges. Décomposez cet objectif en objectifs de vente par saison. Dans un deuxième temps, vous pourrez avoir comme objectif d'augmenter le chiffre des ventes de la saison passée.

Étape 2 : Prospecter
La prospection est l'activité qui consiste à chercher de nouveaux clients. Pour augmenter le nombre de vos clients potentiels, vous devez chercher de nouveaux distributeurs, boutiques et points de vente. Consacrez du temps à la recherche de prospects et constituez-vous une base de données d'acheteurs fidèles.

Étape 3 : Sélectionner vos prospects
Il s'agit ensuite de sélectionner vos meilleurs prospects ou clients potentiels. Sur les vingt nouveaux prospects que vous avez identifiés, quels sont ceux qui seraient vraiment prêts à acheter votre produit au prix que vous proposez ? En évaluant correctement vos espoirs de réussite, vous économiserez beaucoup de temps. Au lieu de harceler des clients qui ne souhaitent pas ou ne sont pas en mesure d'acheter, essayez de créer des liens avec ces nouveaux clients potentiels.

Étape 4 : Le processus de vente
Le processus de vente consiste à établir et développer des relations commerciales de confiance entre vous et vos clients. Les gens aiment négocier avec des gens qu'ils apprécient, en particulier dans les petites entreprises. Commencez par les intéresser aux modèles phares de votre collection. Quand vous vantez les mérites de votre produit, assurez-vous d'être en interaction avec l'acheteur et orientez vos questions vers vos intérêts commerciaux communs.

Étape 5 : Suivi et fidélisation
Certaines tâches consécutives à la vente sont fondamentales pour construire une relation à long terme avec vos clients. Envoyez-leur un mot pour leur dire que vous avez été heureux de les avoir rencontrés, appelez-les régulièrement pour les informer du suivi de la fabrication comme d'une couverture presse. Ces gestes confortent les acheteurs dans leur choix. Un peu après la livraison des marchandises dans leurs magasins, appelez-les pour savoir s'ils sont satisfaits, si tout s'est passé comme prévu et si la collection se vend bien.

EXERCICES

1 *Sur le site www.pretaporter.com, consultez la rubrique « Calendrier des salons internationaux » pour savoir quand se tiennent les principaux salons de la mode. Identifiez ceux qui pourraient correspondre à votre produit et faites des recherches sur Internet.*

2 *Faites une liste de dix marques de mode appréciées à côté desquelles vous souhaiteriez exposer vos produits. Consultez leurs sites Internet pour connaître la liste de leurs distributeurs et cherchez où se trouvent les boutiques et les grands magasins pour les contacter.*

Les showrooms et les agents

Si vous ne vous sentez pas apte à vous occuper de la vente de votre collection, vous pouvez déléguer cette tâche à un showroom ou à un agent. Un showroom présentera votre collection aux côtés d'autres collections de créateurs, et un agent est chargé de présenter une ou plusieurs collections à des acheteurs. Il arrive que les agents disposent de leur espace pour montrer les collections ou louent des stands sur les salons. Comme ils sont censés avoir une clientèle d'acheteurs, vous devriez y trouver un avantage.

L'agent ne vous achète pas vos produits, il rencontre les distributeurs en votre nom et à votre place. La plupart se rémunèrent par des commissions, qui sont de l'ordre de 10 % des ventes. En règle générale, l'agent est rémunéré après la livraison des marchandises au magasin, c'est-à-dire après que vous avez été vous-même payé.

Vous continuez à être responsable de la distribution, mais c'est l'agent qui passe les commandes, établit les contrats et s'occupe des formalités d'expédition à votre place.

Avant d'accepter de travailler pour vous, les agents doivent être convaincus de pouvoir vendre suffisamment de modèles pour que cela soit rentable. Ils commenceront donc par vous demander vos résultats des ventes des saisons passées et chercheront à s'assurer que vous avez déjà convaincu quelques distributeurs.

Vous pouvez établir différents types de contrats avec votre agent. Cela va d'une simple poignée de main à la rédaction d'un contrat d'association dans les règles. Étant donné qu'aucune des deux parties ne sait combien de temps durera la relation, il est préférable de reporter la signature de ce type de contrat à un deuxième temps. Si vous commencez à travailler avec un nouvel agent, un bon compromis est d'établir un protocole d'accord ou un accord écrit. Demandez conseil à votre avocat.

Les diffuseurs

Dans les pays où la langue peut être une barrière, il est courant de faire appel à un diffuseur pour les ventes à l'étranger. Le diffuseur est votre seul relais pour la région concernée : il prend les commandes importantes et prend en charge la gestion des relations avec les magasins, dont la livraison et le paiement. Le diffuseur vous achète le produit et s'occupe de le commercialiser, en prenant généralement une marge sur votre prix de gros (bien que, dans certains cas, ils puissent négocier un pourcentage sur les ventes, de 2 à 12 %, selon votre chiffre d'affaires), afin de couvrir tous les frais additionnels afférant à l'autorisation de diffusion, l'affacturage et le recouvrement des créances. Le diffuseur est responsable du service après-vente et contribue à la promotion de votre collection dans le cadre du marché convenu.

Protocole d'accord / Accord écrit pour les agents ou distributeurs

Ce type d'accord devra inclure les éléments suivants :

- *La description des marchandises.*
- *Le secteur ou la zone géographique concernés.*
- *La durée.*
- *Les clauses de résiliation (elles doivent être établies dès le départ).*
- *Les clauses de révision : fixez des dates de révision du contrat et définissez les points susceptibles d'être modifiés.*
- *Les objectifs de performance, comme les quantités des ventes, le nombre de clients, les campagnes publicitaires, etc.*

Agent ou diffuseur ?

Les avantages d'un agent :

- *Les agents ont généralement une bonne connaissance du marché et ont déjà un carnet d'adresses de clients.*
- *En général, l'agent se rémunère à la commission (environ 10% des ventes réalisées), le prix de vente est fixé à l'avance.*
- *Généralement, l'agent est rémunéré une fois que l'acheteur vous a payé.*
- *Vous gardez le contrôle de votre marque, car vous restez responsable du marketing et de la promotion.*

Les inconvénients d'un agent :

- *Vous êtes responsable de toutes les livraisons. Or, si vous vendez dans plusieurs pays, les conditions de livraison peuvent être assez complexes.*
- *Il est peu probable que l'agent participe financièrement à la promotion. Généralement, il ne fait pas de marketing. Certaines agences proposent des services de relations presse et de marketing en sus.*
- *C'est vous qui prenez le risque de crédit, mais comme l'agent est rémunéré après que vous avez été payé, l'agent peut très bien réclamer le paiement pour vous.*

Les avantages d'un diffuseur :

- *Vous n'avez qu'un seul client (le diffuseur).*
- *Le diffuseur est responsable du risque de crédit de toutes les ventes.*
- *Le diffuseur est en charge de votre stock sur son secteur.*
- *Le diffuseur contribue financièrement au marketing et à la promotion de votre produit sur le marché.*
- *Le diffuseur développe une clientèle pour votre produit.*

Les inconvénients d'un diffuseur :

- ✖ *Il contrôle tout le processus des ventes ; vous n'avez aucun contrôle.*
- ✖ *En passant par un diffuseur, vous risquez de proposer un produit à un prix moins compétitif ; un diffuseur peut prendre une marge de 50 % ou plus sur votre produit avant de le vendre au détail.*
- ✖ *Étant donné qu'un diffuseur contribue au marketing et à la promotion, vous n'avez pas tout le contrôle sur l'image de marque de votre produit.*
- ✖ *Les diffuseurs qui vendent en gros (plutôt qu'à des gros distributeurs) ne sont pas forcément les mieux placés pour vendre à d'autres professionnels.*
- ✖ *Votre diffuseur n'aura peut-être pas la force de vente suffisante pour percer des marchés importants.*
- ✖ *Le diffuseur doit parfois partager son temps à la vente d'autres produits.*

Le contrat de licence

Un contrat de licence est établi quand vous (le concédant) vendez les droits d'utilisation de votre marque à un tiers, généralement un fabricant (le licencié), en contrepartie d'une redevance. Le franchisé achète le droit d'utiliser la marque, les noms commerciaux et l'habillage de la marque pour valoriser un emplacement et donner un accès à une clientèle fidèle. Nombre de marques de créateur prêtent leurs noms à une gamme variée de produits, comme les parfums qui sont une véritable manne pour les grandes marques de mode. Donna Karan, Ralph Lauren, Chanel, Alexander McQueen et Paul Smith ont plusieurs contrats de franchises. Une fois que vous avez développé un profil et une clientèle au sein de votre activité, le contrat de licence peut être une solution intéressante.

Avant de signer un contrat de licence, il est fortement conseillé d'étudier avec attention ce qui est exigé de vous et quel contrôle vous gardez. Tout sera stipulé dans le contrat. Parfois, le détenteur de la licence devra participer à la conception et répondre de la qualité des matériaux utilisés.

Soumettez ces contrats à votre avocat pour vérifier avec lui qu'ils sont à votre avantage et qu'ils garantissent la protection de votre marque.

Le contrat d'exclusivité

Certains magasins pourront exiger une forme d'exclusivité sur vos produits, soit une exclusivité totale (vous ne vendez alors que dans leur magasin), soit une exclusivité géographique (vous acceptez l'exclusivité sur le secteur géographique de leur magasin). C'est à vous d'évaluer la capacité d'un magasin à vendre votre produit. Si une chaîne de magasins, qui possède plus de cent points de vente vous demande l'exclusivité totale pendant une durée déterminée, cette solution n'est pas à écarter. Néanmoins, si vous êtes une marque créateur, il est sans doute préférable que vous conserviez l'exclusivité de votre produit. Si votre collection est présente dans trop de magasins d'une même ville, votre image de marque risque d'être dépréciée. Réfléchissez bien avant d'accepter un contrat d'exclusivité.

Les formalités administratives

Réunissez tous les papiers administratifs nécessaires pendant la période des ventes.

Bons de commande (voir p. 143)

Quand un acheteur souhaite passer une commande, vous remplissez un document qui s'appelle un « bon de commande » sur lequel figurent les informations suivantes :

- Nom et adresse de votre société, nom de la personne passant commande
- Nom du client et adresse de facturation
- Date
- Numéro de la commande
- Descriptif de chaque modèle
- Quantité pour chaque modèle, coloris, tailles et prix
- Adresse de livraison
- Date de livraison

La date de livraison correspond à la date où partent les marchandises, et non à la date d'arrivée chez le client. Si vous savez quand les marchandises seront emballées et prêtes à quitter votre atelier, vous ne pouvez pas prévoir avec exactitude le temps que prendra un transporteur pour livrer les marchandises (vous ne voulez pas être tenu pour responsable en cas de retard de livraison). À moins d'avoir accepté un prix de vente au débarquement (où le coût de chaque produit inclut la livraison à l'adresse du client), les frais de livraison et autres formalités sont à la charge du client (voir page 126 pour la terminologie employée dans les transports de marchandises). Souvent, les créateurs proposent un calendrier de livraisons échelonnées des marchandises. Cette solution a l'avantage de permettre de livrer certains modèles en priorité.

Période des livraisons des collections par saison (hémisphère nord)

Mode masculine automne / hiver	Août
Mode féminine automne / hiver	Août et septembre
Mode masculine printemps / été	Janvier
Mode féminine printemps / été	Fin janvier jusqu'en février

Informez également les acheteurs de la date de clôture des commandes pour la saison, dans le cas où ils souhaiteraient modifier leurs commandes ou réfléchir aux quantités avant de donner leur accord pour la confection. Munissez-vous de duplicatas ou imprimez des doubles de vos bons de commande. L'original est réservé à l'acheteur.

Conditions générales de vente

Au verso de votre bon de commande, vous indiquerez vos conditions générales de vente où est stipulé que le signataire reconnaît en avoir pris connaissance. Demandez à votre avocat de valider vos conditions.

Fiche client

Il est indiqué de demander aux nouveaux clients de remplir une fiche client, surtout s'ils demandent un crédit.

Paul Smith a développé sa marque éponyme en collaborant avec un partenaire de licence japonais, Itochu.

Confirmation

Il s'agit du contrat de vente ferme entre vous et le magasin avant que les modèles partent à la fabrication. Vous pouvez demander au client un acompte. Ne commencez jamais la production avant d'avoir une confirmation signée.

À la clôture des commandes, vous devez planifier la confection des modèles pour la saison. Vérifiez qu'on vous a commandé suffisamment de pièces d'un modèle ou d'un coloris précis. Si ce n'est pas le cas, avant d'envoyer la confirmation à l'acheteur, appelez-le et expliquez-lui la situation. Il n'est pas toujours possible de faire fabriquer tout ce qui a été commandé, surtout quand vous démarrez et que le volume de ventes est assez faible.

Conditions de paiement

C'est à vous d'établir les modalités de paiement avec vos clients. Plusieurs options s'offrent à vous (la terminologie n'est pas la même selon le pays auquel vous vendez).

- ***Acompte :*** Idéalement, vous demanderez un acompte (entre 25 et 50 % du montant total) sur la commande après signature de la confirmation. Cette somme doit en principe couvrir les frais de fabrication au cas où le magasin annulerait sa commande. On demande généralement aux nouveaux clients de verser un acompte pour les premières saisons, mais il est presque impossible d'en recevoir des grands magasins multimarques.
- ***Paiement d'avance :*** Vous pouvez demander à être payé d'avance pour équilibrer vos frais avant la livraison des marchandises et avoir un meilleur fonds de roulement. Ainsi, si les magasins tardent à vous payer, leurs portants resteront vides.
- ***Paiement à la livraison :*** C'est l'inverse du paiement d'avance. Le client règle sa facture à réception des marchandises. Si vous ne connaissez pas bien le détaillant, demandez à être payé par mandat postal ou par virement bancaire. (Demandez à votre banque quelles sont les méthodes de paiement les moins onéreuses.)
- ***Mise en consignation / vente ou retour :*** Souvent, les petits créateurs et les boutiques utilisent mal ces deux termes. Si ces deux dispositions garantissent à l'acheteur le droit de renvoyer les invendus à son fournisseur, « vente ou retour » constitue une vente réelle, le revendeur devenant propriétaire des marchandises. En cas d'accord de mise en consignation, celles-ci demeurent la propriété du fournisseur à tout moment, mais l'acheteur a la possibilité de s'approprier ces marchandises dans le cas où les articles sont vendus à un tiers. Ces deux options, bien que séduisantes pour les magasins, peuvent fortement peser sur la trésorerie de beaucoup de jeunes marques et doivent être étudiées avec attention.
- ***Délais de paiement :*** C'est lorsque vous accordez une période de crédit avant paiement. Le délai normal de règlement est de trente jours à partir du jour de réception de la facture. Vous pouvez demander un acompte et que le solde de la créance soit payé sous trente jours. Les délais de paiement sont variables d'un pays à l'autre. En Italie, les délais sont plutôt de soixante ou de quatre-vingt-dix jours, ce qui signifie que vous devez attendre entre deux et trois mois avant d'être payé. Ces méthodes

pénalisent les jeunes entreprises pour qui la trésorerie est essentielle à la survie de l'activité. Les grands magasins imposent bien souvent leurs méthodes de paiement et négocient un rabais de 3 à 5 % s'ils règlent dans les délais. À vous de voir si vous pouvez acceptez ces conditions.

- ***Lettre de crédit :*** Le détaillant contracte un emprunt auprès d'une banque, en décrivant précisément les marchandises qu'il achète et leur prix unitaire. Une date-limite est fixée pour clore la transaction. À réception de la lettre de crédit, vous pouvez livrer les marchandises. Peu de magasins acceptent cette méthode, car elle est coûteuse à mettre en place.
- ***Carte de crédit :*** Pour les petits magasins, le paiement par carte de crédit est une solution, à condition que vous soyez équipé d'un système de paiement par carte. Toutefois, les établissements de carte de crédit prélèvent entre 1 et 5 % du montant de la transaction.

En général, les petites marques utilisent des méthodes de paiement différentes selon leurs clients. Vous pourrez assouplir vos conditions de paiement pour les détaillants avec qui vous travaillez régulièrement.

LOGO DE LA SOCIÉTÉ

Bon de commande Nom et coordonnées de la société	Nom du contact :	
	Nom de la société :	
	Date :	
	Adresse :	
	Tél. :	
	Fax :	
Commande n° :	Mobile :	
	Adresse email :	
Commande prise par :	Mode de paiement :	
	Moyens de livraison :	
N° de TVA :	Adresse de livraison :	
	Date de livraison :	

Modèle N°	Descriptif	Couleur / imprimé	XS 8	S 10	M 12	L 12	Qté	Prix à l'unité (€)	Montant total (€)

Commentaires :	NET À PAYER	
	TVA	
	TOTAL	

L'approvisionnement des vêtements spécifiés ici est soumis aux conditions spécifiées au verso. Par sa signature, le client reconnaît avoir pris connaissance de ces conditions.	Signature :
	Date :

Facture

Il faut établir une facture à vos clients. Elle doit faire figurer les éléments relatifs à votre société :

- Nom de la société
- Dénomination sociale
- Structure juridique et capital social
- Logo
- Adresse et coordonnées
- Date
- Taxes (dont la TVA)
- Numéro de la facture

et à votre client :

- Nom de la société
- Dénomination sociale
- Adresse et coordonnées
- Date
- Taxes (dont la TVA)
- Référence / désignation du produit
- Prix unitaire / produit
- Montant total
- Taxe applicable par produit
- Prix total par produit
- Prix total, toutes taxes incluses
- Montant à régler

Les factures doivent aussi faire figurer les méthodes de paiement, et inclure vos coordonnées bancaires, ou porter la mention « chèque à encaisser à », les conditions de paiement et l'échéance du paiement. Vérifiez avec votre comptable que vos factures comportent les mentions légales obligatoires.

LOGO DE LA SOCIÉTÉ

Facture

NOM DE LA COMPAGNIE

ADRESSE DE LA COMPAGNIE

Facture n° :
Date :

CLIENT
Nom du client
Adresse du client

MODÈLE N°	NOM	TISSU	XS	S	M	L	Quantité	Prix / unité (€)	Prix total (€)

Net à payer	
TVA	
Livraison	
TOTAL	

CONDITIONS DE PAIEMENT

COORDONNÉES BANCAIRES

SOCIÉTÉ IMMATRICULÉE :	TVA N° :

Harrods (Londres) est l'un des grands magasins les plus prestigieux au monde.

Le commerce de détail

Le grand avantage de la vente au détail est de réaliser des marges plus importantes. Il existe d'autres avantages, en fonction de la méthode de vente au détail que vous choisissez d'adopter.

Ouvrir sa boutique

Tous les créateurs aspirent à ouvrir leur propre boutique. Avoir sa boutique n'empêche pas de vendre aux professionnels, bien au contraire. Elle permet en effet aux acheteurs de voir la gamme complète de votre marque dans un même espace. Le fait que vous possédiez votre propre boutique les mettra en confiance. Étant donné les risques financiers que suppose l'ouverture d'une boutique, la plupart des jeunes créateurs préfèrent attendre d'être bien implantés avant de l'envisager.

Si la plupart des détaillants commencent avec une seule petite boutique, les différents types de détaillants incluent les grands magasins, les boutiques spécialisées, les boutiques, les chaînes de magasins et les solderies.

Le type de vente au détail que vous souhaitez pratiquer dépend de ce que vous entendez par détaillant, mais aussi de votre produit, de la clientèle que vous ciblez et de la taille potentielle de votre boutique. Il y a plusieurs options :

1 **Prix bas avec un grand volume de vente et un choix important** (magasin de grande distribution).
2 **Prix moyen, volume moyen, mais un choix important** (grand magasin).
3 **Prix élevé, moins de volume et choix moins important** (boutique).

Il faut ensuite réfléchir à la question de l'emplacement (voir pages 84-85).

La vente en ligne

Depuis dix à quinze ans, une révolution massive s'est produite dans nos habitudes de consommateurs. Dans le milieu de la mode, la vente directe via Internet était autrefois considérée comme une gageure. On expliquait que ce nouveau mode de consommation ne fonctionnerait jamais, car, avant d'acheter, les consommateurs tiendraient toujours à palper les tissus et essayer les vêtements. Pourtant, le succès des vendeurs de vêtements en ligne, à l'instar d'asos.com, figleaves.com et net-a-porter.com, a prouvé le contraire à leurs détracteurs.

Années après années, la vente en ligne continue de gagner du terrain ; les consommateurs sont ravis d'acheter directement auprès d'un site multimarques ou du site Internet des marques. En 2010, plus de 50 milliards de livres sterling ont été dépensés en Grande-Bretagne pour des achats en ligne, un chiffre en constante augmentation. Tandis que les sites majeurs comme asos.com et net-a-porter.com vendent en ligne depuis dix ans déjà, deux des plus grands détaillants, Zara et Gap, n'ont lancé leur site d'e-commerce qu'en 2010, preuve que même les marques célèbres peuvent être en retard pour adopter l'un des accès au marché les plus potentiellement rentables.

Une plate-forme de commerce en ligne bien présentée et qui fonctionne correctement (comme goodsie.com) offre aux start-ups une excellente occasion de vendre directement aux consommateurs, à des prix relativement abordables. Un magasin classique coûte trop cher pour beaucoup d'entre elles ; en outre, leur situation géographique fixe peut être un inconvénient pour des marques très spécialisées. Les consommateurs susceptibles d'acheter vos produits peuvent résider partout dans le monde. La vente en ligne permet aux nouvelles marques d'entrer en contact avec une clientèle internationale et d'attirer des acheteurs fidèles, quel que soit leur lieu de résidence. Il est également intéressant de noter que selon un rapport de PayPal disponible sur Internet, la vente en ligne devrait augmenter de plus de 36 % en 2012, comparé à seulement 1 % pour la vente en magasin d'ici la fin de la même année.

Pour de plus en plus de jeunes marques de mode, la vente en ligne est leur premier canal de vente depuis leurs débuts. Internet offre aussi une plate-forme de marketing immédiatement disponible, via des réseaux sociaux comme Facebook et Twitter sur lesquels les marques peuvent promouvoir leurs sites et se faire connaître des acheteurs de tous les pays. James Vanderzee, propriétaire de l'agence d'e-commerce et de marketing numérique

Vie Digital, explique que la présence des petites marques de mode sur le Web présente des avantages évidents. « La plupart des clients sont déjà en ligne, le coût des ventes est inférieur, les marges plus importantes ; les transactions se font 24 h / 24 ; même quand on dort, on peut faire des bénéfices. »

Marques de mode sur le Web – Les bases

James Vanderzee *– Directeur de Vie Digital (www.viedigital.com/fashion)*

Créer son site Internet
Testez votre offre en ligne.

- ***Adresse Internet :*** *Achetez un nom de domaine pertinent et facile à retenir.*
- ***Hébergement :*** *Organisez un espace sur le serveur où résidera votre site.*
- ***Page d'attente :*** *Durant la construction du site, prévoyez une page d'attente avec vos coordonnées.*
- ***Exposition des produits :*** *Ajoutez un onglet « catalogue » ou « galerie ».*
- ***« Partage » d'outils :*** *Ajoutez des plug-ins de réseaux sociaux (AddThis.com).*
- ***Web tracking :*** *Organisez un système de surveillance afin de déterminer le profil des internautes qui fréquentent votre site.*
- ***Gestion du contenu :*** *Assurez-vous que vous pouvez gérer vous-même le contenu de votre site Internet (texte, images, etc.) via un système de gestion de contenu (CMS, pour Content Management System) facile à utiliser.*

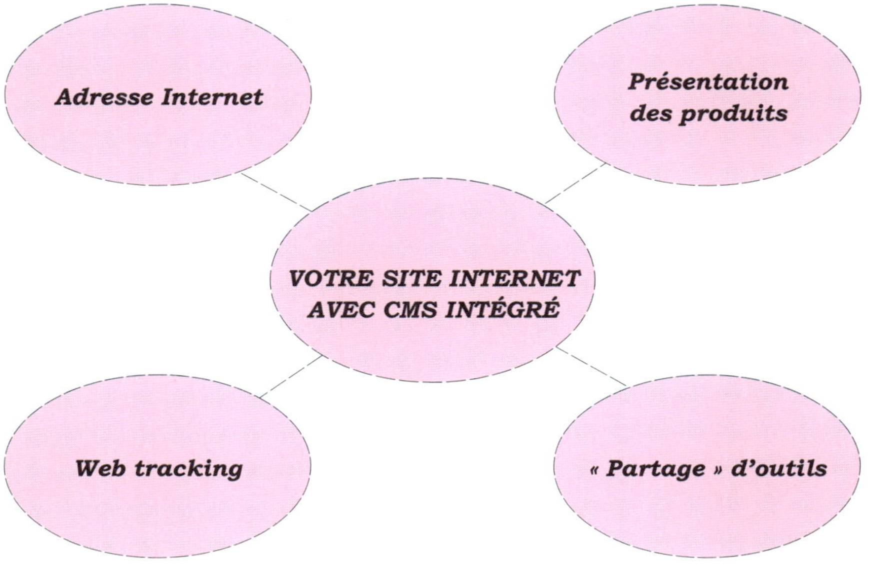

Vendre en ligne

Vous pourrez continuer de gagner de l'argent pendant votre sommeil.
Tout bon processus de vente en ligne comprend :

- *un catalogue des produits,*
- *un panier,*
- *des comptes clients (s'enregistrer / se connecter),*
- *un traitement des paiements,*
- *la livraison et l'exécution,*
- *la gestion des retours,*
- *la gestion des stocks à jour,*
- *un excellent service clients à toutes les étapes.*

Le parcours du client

Le schéma ci-dessous présente les différentes étapes du parcours du client, depuis sa visite sur le site jusqu'à l'achat (en rose), et la façon dont chaque étape doit être reliée à votre processus de vente en ligne (indiqué en bleu).

Le parcours du client

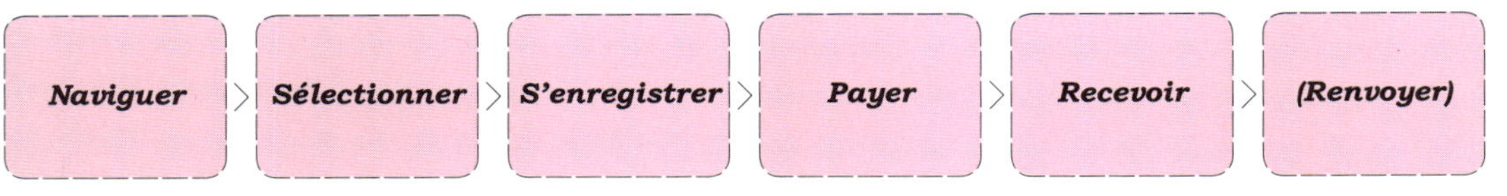

Le parcours du client et le processus de vente en ligne associé

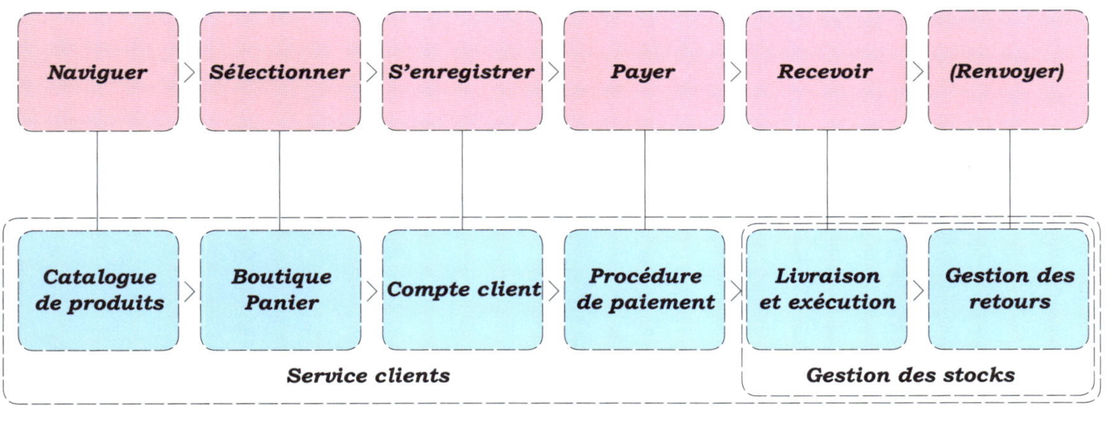

Rappel :

- ✖ *La vente en ligne est une plate-forme multiple : vos clients voudront acheter via leur smartphone ainsi que leur ordinateur. Votre site Internet doit donc être adapté à ces outils informatiques.*
- ✖ *Vous devrez prévoir la possibilité d'effectuer des ventes à l'étranger : la vente en ligne est une opportunité de faire des affaires à l'international, vous devez donc être capable d'expédier vos articles aussi bien dans votre région qu'à l'autre bout du monde.*
- ✖ *Prévoyez les retours dans votre budget (et dans vos conditions générales de vente) : étant donné les variations régionales en matière de tailles, les retours pourraient représenter une vente sur deux.*
- ✖ *Évaluez soigneusement vos options de paiement : vous pouvez être facturé de plusieurs façons – frais mensuels ou pourcentages sur la valeur des transactions. Si vous débutez, adressez-vous à votre banque pour obtenir un compte d'e-vendeur ou optez pour une solution comme PayPal ou Google Checkout.*
- ✖ *Assurez-vous que vos processus de vente en ligne sont efficaces : vérifiez tous les systèmes. Toute personne impliquée dans le processus de vente doit impérativement connaître la démarche à effectuer une fois que la commande est reçue, est prête pour la livraison ou doit être retournée.*

La promotion en ligne

Si vous en faites, attirera-t-elle les clients ? Soyez là où se trouvent vos clients (et concurrents) :

- ✖ *Répertoires Web et sites Internet de tiers en rapport : trouvez des sites Internet fréquentés par vos clients et concurrents et, lorsque cela est possible, assurez-vous que vous y êtes également présent.*
- ✖ *Utilisez la publicité sur moteurs de recherche :*
  - *Google AdWords (« achetez » des mots-clés en rapport avec votre marque et vos produits afin d'être sûr d'apparaître sur la première page Google de ces termes de recherche).*
  - *Facebook Ads (faites la publicité de votre marque et de vos produits auprès d'internautes qui apprécient des marques similaires sur Facebook).*
- ✖ *Optimisation du référencement (SEO, pour Search Engine Optimisation) : créez un contenu rempli de termes clés sur votre site Internet et sur d'autres sites en rapport avec votre marque et vos produits ; générez autant de liens pertinents que possible vers votre site Internet pour accroître vos résultats sur les moteurs de recherche et générer une fréquentation réelle de votre site.*
- ✖ *Les réseaux sociaux, les blogs et la communication en ligne constituent une part considérable de l'optimisation du référencement. Ces activités généreront du contenu et des liens. Ils sont également fort utiles pour faire connaître votre marque, susciter l'intérêt des consommateurs pour vos produits, générer une fréquentation réelle ainsi que des ventes.*

Fidéliser les clients en ligne

Comment faire pour fidéliser les clients existants ?

- ✖ *Ajouter des infos et du contenu au sujet des produits, nourrir ses blogs.*
- ✖ *Inviter les clients à participer.*
- ✖ *Communiquer via une page d'entreprise Facebook.*
- ✖ *Communiquer avec des followers sur Twitter.*
- ✖ *Envoyer par email des newsletters aux clients enregistrés dans la base de données.*
- ✖ *Promouvoir des activités en ligne et hors connexion.*

Les marchés

Vous choisirez votre marché en fonction de votre activité. Si vous pratiquez des prix élevés, le choix risque d'être restreint. Vous devez vérifier que le marché que vous choisissez est réputé pour présenter des marques de créateurs.

Les clients particuliers

Beaucoup de marques démarrent avec des modèles uniques ou de petites collections, fabriqués sur mesure pour des clients particuliers. Vous pouvez demander des paiements échelonnés, le premier (l'acompte) devant être suffisant pour couvrir les frais de confection. Soit les clients viennent vous voir, soit vous allez les voir. Ce service s'adresse à une clientèle aisée et pressée.

Les salons grand public

Les salons destinés aux particuliers se déroulent sur une très courte période. La participation à ce type d'événements est payante. Ally Ward, qui a créé la ligne de tenues de yoga KokoFlow, raconte : « Avant le salon, j'ai téléphoné à tous ceux qui avaient exposé l'année précédente pour savoir à quoi je devais m'attendre, et un des conseils les plus utiles a été de ne pas dépenser trop d'argent pour l'exposition. J'ai limité les frais au minimum et créé un stand simple mais attrayant. J'ai participé à ce salon pour avoir des retours sur ce que je faisais. Cela a été très bénéfique de parler avec des clients, des acheteurs et même d'autres vendeurs. J'ai appris des tonnes de choses et me suis fait beaucoup de contacts. Cela a vraiment été une expérience formidable. J'ai réalisé quelques ventes ; comme je ne m'attendais pas à en faire du tout, j'ai trouvé que c'était déjà très bien. »

La marque de mode inspirée du yoga KokoFlow a utilisé le Salon du yoga (un salon destiné aux particuliers) pour lancer sa marque et recevoir des retours de la clientèle ciblée.

La télévision

Les programmes de téléachat attirent une clientèle importante, et si le produit est bien ciblé, ce mode de vente peut être rentable.

Les ventes à domicile et ventes en réunion

La vente à domicile a beaucoup évolué depuis les premières réunions Tupperware et peut s'avérer une option intéressante pour vendre son produit directement au client final. Certaines sociétés proposent des systèmes de vente à domicile clé en main pour les clients de vêtements haut de gamme.

Les ventes au déballage

Les ventes au déballage sont des ventes de marchandises effectuées dans des locaux ou sur des emplacements non destinés à la vente au public de ces marchandises, comme les halls d'hôtel, les locaux de comités d'entreprise ou de country clubs. Certains grands magasins acceptent parfois que des petites marques présentent leurs modèles sur des stands.

Les ventes privées

Si vous avez le stock suffisant, vous pouvez participer à des ventes privées qui ont lieu plusieurs fois dans l'année. Elles peuvent être une source régulière de revenus pour l'entreprise. Excepté s'ils ont des défauts, évitez de vendre des modèles de la saison, car cela peut nuire à l'activité de vos distributeurs et déprécier l'image de votre marque. Le site www.bazarchic.com donne aux créateurs l'occasion de vendre des têtes de série et des invendus en ligne.

Étude de cas : Karen Walker

La Néo-Zélandaise Karen Walker a créé sa société Karen Walker Limited en 1989, à l'âge de dix-neuf ans, alors qu'elle était encore étudiante. Avec 78 dollars en poche, elle a créé et fabriqué un modèle de chemise qu'elle a mis en dépôt dans une boutique de son quartier. Les raisons qui l'ont poussée à se mettre à son compte ? « Je ne voyais rien autour de moi qui me plaisait et personne avec qui j'avais envie de travailler. »

Sa marque a rapidement connu beaucoup de succès et s'est bâtie une solide réputation internationale. En l'espace de quatre ans, Karen Walker a pu ouvrir sa première boutique de prêt-à-porter féminin seule, puis une seconde boutique en 1994. En 1995, elle a commencé à exporter ses collections hors de Nouvelle-Zélande, et, depuis 1998, la marque est distribuée dans le monde entier. En 2001, elle a étendu sa gamme à la décoration intérieure – Karen Walker Paints – en partenariat avec le fabricant de peinture Resene. Aujourd'hui, la marque poursuit sa conquête de nouveaux marchés. La créatrice a lancé une ligne de bijoux en 2003 et de lunettes en 2005.

Karen connaît bien son marché et sait avec qui elle aime travailler. Son concept : « Travailler avec des gens comme nous. » « Ce n'est pas tant le secteur géographique qui compte que de savoir travailler avec les bonnes personnes ; c'est comme ça qu'on a trouvé un créneau qui fonctionne partout dans le monde. Il n'y a pas de différence entre notre correspondante à Tokyo et celles qui sont à New York, à Sydney ou à Londres. » Karen s'est entourée de personnes qu'elle aime, c'est un des secrets de sa réussite.

Karen explique son succès du fait qu'elle fabrique des produits que les gens apprécient et dans lesquels ils se reconnaissent. Après le produit, elle pense que la question du placement est essentielle, « parce que l'environnement en dit beaucoup sur ce que l'on est et sur la place qu'on occupe sur le marché ». Au départ, la créatrice ne vendait qu'à des professionnels, mais aujourd'hui elle possède ses propres boutiques. Conçues pour créer une atmosphère détendue, stylée, intime et insolite, ses boutiques proposent un large choix de produits. Elle vend également ses produits sous licence : « Si l'on apprécie les gens et qu'ils comprennent le concept, qu'ils ont les compétences et l'expérience pour

faire fonctionner la marque, on saute sur l'occasion. »

Pour présenter ses produits sous leur meilleur jour, Karen participe aux défilés lors de la Fashion Week de New York. « Il s'agit de faciliter l'accès de la marque à la clientèle. Avec les défilés, les produits sont plus faciles à voir, à comprendre, à acheter. Il faut aller là où se trouve votre clientèle, aller à sa rencontre, comme à la Fashion Week de New York. Il existe d'autres moyens, bien sûr. »

Pour Karen, les questions de promotion et de prix sont secondaires par rapport à celles du produit et de l'emplacement. « Le marketing et les relations publiques font bien entendu partie du business, mais dès le départ j'ai eu l'intuition que si l'on n'a pas d'histoire à raconter ou de produit phare, le meilleur responsable marketing du monde ne pourra pas grand chose pour vous. La promotion et le marketing reflètent le produit qu'on vend. » Le prix est fixé en fonction du produit, de l'emplacement et de la communication.

Ce qui motive Karen est l'amour qu'elle porte à son travail. « Je continue à prendre beaucoup de plaisir à ce que je fais, même pour les choses sérieuses. J'organise ma vie comme je l'entends, et quand les choses marchent bien, j'en retire une vraie satisfaction et une certaine fierté, et puis il y a aussi les bons côtés du métier. » Pour ce qui est des mauvais côtés, « c'est tout ce dont il faut s'occuper hors de la sphère créative, et il y a beaucoup de choses qui nous en éloignent ». Mais, si on veut réussir, « il faut être capable de comprendre comment marche une entreprise, et savoir se montrer à la fois créatif et responsable. On doit aussi tout apprendre très vite parce que, dans ce milieu, c'est marche ou crève ».

L'objectif de Karen est de faire des produits que les gens apprécient et dans lesquels ils se reconnaissent.

Chapitre 12 : Se faire connaître

Votre nouvelle marque doit communiquer un message suffisamment clair pour que les acheteurs, la presse et les consommateurs puissent vous identifier. Quelle image souhaitez-vous donner à votre marque ? L'objectif premier de la communication est de faire connaître ses produits et sa marque. Elle peut recourir à une grande diversité de moyens : la vente, la publicité, les événements et les sites Internet. Votre stratégie doit créer un climat favorable à la vente de vos produits, il est donc essentiel d'y consacrer du temps et des moyens. Si vous vendez au détail, votre cible est le consommateur final. Si vous vendez aux professionnels, vous devez cibler à la fois le consommateur final et les détaillants.

Étudier les comportements d'achat

L'analyse des comportements d'achat vous aidera à élaborer votre politique promotionnelle pour influencer le processus d'achat.

Le comportement d'achat du consommateur type

Identification d'un besoin : *Souvent par la presse, la publicité, l'influence des stars ou le bouche-à-oreille.*

Recherche des informations : *Sur des sites Internet, via la publicité et la presse. Votre marque est-elle facile à trouver ? Les recommandations et les indices de satisfaction sont très importants. Les supports visuels, comme les catalogues ou les affiches, sont également très utiles.*

Comparaison avec d'autres produits et fournisseurs : *Il faut insister sur le caractère unique de votre produit et renforcer sa visibilité. Assurez-vous que les vendeurs sont bien formés à la vente de votre produit. Les témoignages de tiers sont également importants. Le rapport qualité-prix peut également être un facteur déterminant dans le processus d'achat.*

Décision d'acheter : *La politique produits et le service client permettent de conclure l'acte d'achat.*

Utilisation du produit : *Les achats onéreux peuvent donner lieu à une dissonance cognitive (voir page 103). Il est important d'instaurer une relation de confiance avec le consommateur. Les indices de satisfaction et les recommandations jouent ici tout leur rôle.*

Image de Malcolm Crews.

Le comportement d'achat du distributeur

Identification d'un besoin ou d'un problème : *Importance de la publicité et de la couverture presse (professionnelle ou grand public).*

Développement de la spécialité du produit : *Une attention particulière est accordée aux coupures de presse, aux expositions dans les salons, à la publicité, aux commentaires de presse et aux autres supports promotionnels.*

Recherche des produits et des fournisseurs : *Les outils marketing tels que les catalogues, les dossiers techniques et les sites Internet sont particulièrement importants. Les salons et les showrooms sont également une source précieuse d'informations. À ce stade, la question du prix doit être sérieusement envisagée.*

Comparaison avec d'autres produits et fournisseurs : *C'est le moment de fournir à votre client potentiel un indice de satisfaction de vos autres clients. À ce stade, il est également important que les acheteurs voient et manipulent le produit pour évaluer sa coupe et sa qualité.*

Prise de commande : *Le contact personnel permet de conclure la commande et d'augmenter le volume des ventes.*

Évaluation de la performance du fournisseur et du produit : *La couverture médiatique, la publicité, mais aussi des appels téléphoniques et des emails contribuent à conforter l'acte d'achat.*

Renouvellement d'une commande : *La première commande ne constitue pas une fin en soi. Elle doit au contraire marquer le début d'une relation durable.*

Les outils de communication

Votre stratégie de communication doit tenir compte de deux cibles distinctes : la presse et les acheteurs d'un côté, les consommateurs de l'autre.

Les catalogues

Un catalogue présente votre gamme de produits ou la nouvelle collection de la saison à la presse et aux acheteurs. Généralement, les créateurs de mode utilisent des photos de défilés pour présenter leurs modèles. La plupart du temps, ces catalogues se présentent sous la forme d'une brochure sur papier glacé de format A5 avec une reliure en spirales. Ils présentent entre trente et soixante modèles, avec une photographie par page.

Vous pouvez ne sélectionner qu'un petit nombre d'images, celles qui traduisent le mieux l'essence de votre collection, vous présenterez les autres modèles sur votre site Internet. Faites figurer toutes vos coordonnées. Si vous incluez un prix de vente conseillé pour chaque vêtement ainsi qu'un descriptif du produit, vous pouvez aussi utiliser le catalogue comme outil de vente pour le client final.

Les catalogues existent dans des formats et des formes variés et sont un outil essentiel pour présenter votre collection à la presse et aux acheteurs.

Conseils pour l'impression de vos catalogues

Simon Assirati *– Directeur général, Solutions in Ink, imprimeur (Londres)*

Les images : *L'imprimeur réalisera des catalogues de bien meilleure qualité s'il utilise des images en très haute résolution.*

Les imprimeurs spécialisés dans la mode privilégient le vêtement par rapport au mannequin. Leur travail est de les reproduire en se rapprochant le plus possible de la réalité. Les techniques d'impression sont plus ou moins complexes selon le papier utilisé.

Les images peuvent être mises en valeur de différentes manières, en fonction du type de papier utilisé (papier couché ou non couché, couché brillant ou mat, etc.).

Avant de lancer l'impression, assurez-vous que vous possédez un exemplaire de la maquette en format numérique. L'exemplaire numérique couleur a un rendu et une fidélité couleur de 80 à 90 %; on l'utilise aussi pour procéder à la relecture du texte et vérifier le positionnement des images.

Choix du support : *Pour limiter le coût de l'impression, la majorité des catalogues sont imprimés sur un papier de même grammage, 300 g/m² ou 350 g/m². Demandez à votre imprimeur de vous fournir une maquette, imprimée ou non, de votre catalogue.*

Pour donner plus d'envergure à votre catalogue, vous pouvez utiliser un traitement spécial sur la couverture ou le papier : un vernis, une option « pelliculage » mat ou brillant, un gaufrage en couleur pour mettre en valeur votre logo ou donner une impression de volume à un modèle précis.

Les tarifs varient en fonction du format et de la reliure que vous choisissez. L'impression, puis un façonnage par pliage de la planche en plusieurs volets, et enfin un brochage simple est l'option la plus économique. Les catalogues plus haut de gamme, mais plus chers à réaliser, sont reliés comme des magazines.

La quantité : *Limitez-vous au nombre exact d'exemplaires dont vous avez besoin; évitez de vous retrouver avec un excédent de catalogues pour la saison suivante. Les imprimeurs vous donneront des devis pour 500 ou 1 000 exemplaires. Le prix unitaire varie selon la quantité choisie.*

La photographie

La photographie est particulièrement importante dans un secteur comme celui de la mode où l'esthétique fait tout.

Entretenez de bonnes relations avec un photographe fiable. Les délais pour réaliser des séances photo sont souvent très serrés, et il est indispensable de travailler avec quelqu'un qui pourra vous conseiller et qui saura respecter votre budget. Il arrive assez souvent que le photographe vous aide à trouver des mannequins, des coiffeurs et des maquilleurs, ainsi que des studios.

L'organisation d'une séance photo

Rikard Österlund *— Photographe de mode indépendant (www.rikard.co.uk)*

Quelle est la fonction de ces images ? À qui s'adressent-elles ? Un catalogue pour les professionnels doit montrer les détails, les imprimés et les silhouettes de vos modèles, alors qu'une pub ou un reportage presse, destinés aux consommateurs, auront plutôt la fonction de raconter une histoire et de créer une atmosphère.

Le planning et la préparation : *Préparez et repassez vos modèles. Apportez vos recherches, vos dossiers et vos panneaux de tendance. La coiffure et le maquillage prennent en moyenne entre une et trois heures. Faites une feuille de service sur laquelle figurent tous les membres de l'équipe, leurs noms et adresses, numéros de téléphone, horaires et autres informations utiles, et envoyez-la leur.*

L'équipe de prise de vue : *Le photographe, le mannequin, le studio, l'éclairagiste, le styliste-photo, le coiffeur, les accessoires, etc. Avant de finaliser votre concept, réunissez tous les membres de l'équipe : ce sont eux les spécialistes.*

Le photographe : *Commencez par consulter des books de photographes, sur des sites de photographes indépendants ou sur un portail de photographes comme http://francephotographie.com.*

Orientez vos recherches vers un spécialiste. Prenez rendez-vous avec quelques photographes pour consulter leur portfolio (tous les photographes professionnels en ont un). Le jour de la prise de vue, c'est le photographe qui prend généralement en charge la direction artistique.

La photographie joue un rôle très important dans la promotion de vos collections. Il est essentiel de travailler avec des professionnels qui apporteront des images adaptées à vos produits et les présenteront sous leur meilleur jour.

Tarifs : *Il n'y a pas de tarif établi pour la photographie publicitaire. Les prix varient aussi en fonction de l'utilisation des images :*

- *L'endroit où les images seront présentées (emballage, site Internet).*
- *La durée d'exploitation (une licence longue sera plus chère).*
- *Le pays (Royaume-Uni, États-Unis, France, etc.).*

Licence et droits d'auteur : *Le photographe a le choix de conserver ou de céder ses droits.*

Histoire : *La photographie de mode contemporaine s'attache davantage à la photographie qu'aux vêtements eux-mêmes. Les images doivent refléter les rêves et les désirs de vos clients, et leur pouvoir repose en grande partie sur l'éclairage, la pose et l'histoire. Une série de photos vous permet de développer des personnages et de mettre en scène vos vêtements.*

Le mannequin : *Contactez des agences, informez-vous sur les tarifs et les mannequins disponibles. Il est important que vous choisissiez vous-même le mannequin en organisant un casting. Vous devez voir comment il porte vos vêtements avant d'arrêter votre choix.*

Par sécurité, prévoyez un autre mannequin. Indiquez aux mannequins le type de personne qu'ils sont censés incarner (référez-vous à l'histoire que raconte la collection).

Le tarif du mannequin s'aligne sur celui du photographe.

Le mannequin doit signer un contrat de concession d'utilisation du droit à l'image vous autorisant à reproduire les photographies pour un usage précis que vous devrez spécifier. Si vous faites appel à un mannequin pour un catalogue et que vous utilisez les images pour une campagne de publicité, vous devez informer l'agence et payer des frais supplémentaires.

Le studio :

- *La lumière naturelle (réaliste, douce).*
- *La lumière au flash (sculpturale, fantasmatique).*
- *Vérifiez que le studio a de grandes fenêtres.*
- *Faites jouer vos relations : les propriétaires de bons studios sont conscients de la valeur de leur lieu et pratiquent des tarifs de location élevés (évitez de céder vos droits à l'image parce que, si le lieu les utilise pour sa communication, vous et votre photographe risquez d'avoir des problèmes).*
- *Les accessoires : trouvez les accessoires appropriés pour mettre en valeur votre collection.*

Le coiffeur et le maquilleur : *Ils contribuent à l'histoire de votre collection et à donner une personnalité au mannequin. Prenez rendez-vous avec eux, consultez leurs portfolios et évaluez leur capacité à préparer une prise de vue.*

Après la séance : *Certains photographes donnent un CD de leurs photos à l'issue de la séance, d'autres feront une sélection d'images qu'ils vous enverront par voie électronique. Une fois la sélection effectuée, les images seront ensuite retravaillées. Restreignez votre sélection finale, car les retouches coûtent cher.*

Avant la séance, expliquez bien au photographe à quoi les images sont destinées (site Internet, affiches, etc.), car elles seront traitées différemment selon leur utilisation.

Les fiches techniques

Les fiches techniques fournissent tous les renseignements sur les produits ou les modèles de la saison. Le dossier technique est remis aux acheteurs avec le catalogue. Les points suivants doivent y figurer :

- ✖ Le logo
- ✖ La saison (automne / hiver ; printemps / été)
- ✖ Les modèles (dessins techniques, parfois des photographies)
- ✖ Le nom des modèles
- ✖ Le numéro et la référence des modèles
- ✖ Les informations relatives à la couleur et au tissu.

Au verso :

- ✖ Les dates de livraison et les dates de clôture des commandes
- ✖ Les minimums de commande
- ✖ Nom et adresse du responsable des ventes.

Informations additionnelles :

- ✖ Planche d'échantillons.

HISTOIRE	NOM DU MODÈLE	RÉFÉRENCE DU MODÈLE	COLORIS	MATIÈRE	PRIX DE GROS (X 2.6)	PRIX DE VENTE CONSEILLÉ	IMAGE
Le nœud de huit	TABITHA	LG2447	Noir	Cuir vernis	109	283	
Le nœud de huit	TESSA	LG2461	Prune	Cuir	103	268	
Le nœud de huit	RENE	LG2444	Rayures noires Noir framboise	Tissu	109	283	
Le nœud de huit	SUNNY	LG2442	Noir framboise	Cuir vernis	68	154	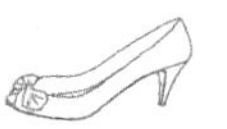
Le nœud de huit	ISABELLA	LG2420	Prune	Cuir	89	232	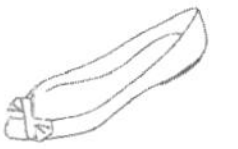
Le nœud de huit	ISABELLA	LG2421	Rayures noires	Tissu	89	232	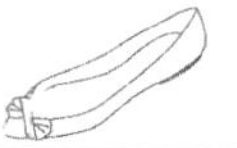
Le nœud de huit	FIFI	LG2438	Prune Noir Crème	Cuir vernis	95	247	
Le nœud de huit	FIFI	LG2439	Bronze	Cuir	95	247	
Le nœud de huit	FIFI	LG2478	Framboise	Daim	95	247	
Le nœud de huit	FREDERICA	LG2449	Prune Bronze Framboise	Cuir	75	196	
Le nœud de huit	FREDERICA	LG2450	Noir Crème	Cuir vernis	75	196	

Utilisées pour la vente, les fiches techniques indiquent les grandes caractéristiques du modèle et fournissent à l'acheteur toutes les informations dont il a besoin pour passer sa commande.

La papeterie

Pour donner plus de visibilité à votre marque, faites-vous faire des cartes de visite, du papier à en-tête et des cartes de correspondance.

Les étiquettes papier

Pour la vente au détail, il est nécessaire de prévoir d'attacher des étiquettes papier à vos vêtements. Pour la vente en gros, prévoyez d'indiquer le prix professionnel.

Quand vous faites fabriquer vos étiquettes papier (ou étiquettes mobiles), il est important de réfléchir à l'image de marque que vous souhaitez communiquer. La marque japonaise de vêtements streetwear Bathing Ape a eu l'idée d'insérer son logo sur un fond de camouflage pour donner plus de force à son message.

Les étiquettes tissées

L'étiquette d'un vêtement sert à identifier la marque et à évaluer la qualité du produit. Il est possible de faire appel à un fabricant spécialisé si vous voulez les personnaliser. Pensez également à fabriquer des étiquettes d'entretien, où figurent les informations relatives au tissu et à l'entretien du vêtement, ainsi que sa taille et l'endroit où il a été fabriqué (en France, le marquage d'origine n'est pas obligatoire).

Les sites Internet

Comme une vitrine attire un client dans une boutique, votre site doit donner envie aux gens de mieux connaître votre marque. Le site Internet est une carte de visite pour la presse, les acheteurs et les consommateurs.

Conseils pour créer son site Internet

1. *Choisissez un code couleur cohérent.*
2. *Pour développer votre site Internet, vous pouvez faire appel à des prestataires de sites Internet clé en main à partir de modèles prémaquettés. Ce service est peu coûteux et efficace (voir www.crea2sites.com/modeles-de-sites/, www.mesdemos.fr/).*
3. *Choisissez un mode de navigation aussi simple que possible.*
4. *Ne vous laissez pas tenter par des effets spéciaux.*
5. *Vérifiez que le texte est bien lisible.*
6. *C'est le contenu qui compte.*

Les réseaux sociaux

Le terme « réseau social » est utilisé pour décrire le contenu interactif développé à l'aide des technologies du Web. Son composant principal est sa nature interactive, qui permet aux internautes de partager leurs opinions, leurs savoirs et même des contenus. Les autres internautes sont invités à prendre part à l'échange. Pour une marque de mode, cela implique d'entrer en contact avec le consommateur, et assez souvent de l'inviter à découvrir l'envers du décor. L'accroissement de l'usage des réseaux sociaux chez les particuliers a été rapide et se poursuit. Leur adoption par le milieu des affaires a été un peu plus lente, beaucoup d'entreprises étant frileuses à l'idée de dévoiler leurs ficelles aux consommateurs, de peur d'entacher leur image de marque soigneusement élaborée. Tandis que les modèles traditionnels de communication comme la publicité permettent au promoteur de contrôler le contenu et les informations délivrées – minimisant ainsi le risque que son message soit mal interprété ou dilué –, les réseaux sociaux ouvrent un dialogue permanent, qui redessine la façon dont vous et votre entreprise êtes perçus. Cela étant, les marques se tournent plus que jamais vers les réseaux sociaux pour communiquer. Richard Spalding, directeur général de Diffusion Media, une agence spécialisée dans les stratégies de marketing en ligne pour Agent Provocateur, une marque bien établie, déclare : « Agent Provocateur a investi massivement dans les réseaux sociaux en 2010-2011, et certains éléments montrent que les retombées sont significatives en termes d'augmentation des ventes en ligne. » Il explique également que pour de nombreuses marques, « il est souvent difficile de mesurer l'efficacité des réseaux sociaux ». C'est un canal « jamais inactif », très « rentable lorsque l'on sait s'y prendre », mais qui peut mener à « l'indifférence lorsque l'on s'y prend mal ». En fin de compte, il croit cependant qu'à l'époque actuelle, « ne pas parvenir à mener une stratégie via les réseaux sociaux, quelle que soit l'entreprise, serait fatal ». Amelia Gregory, éditrice d'*Amelia's Magazine* et virtuose des réseaux sociaux, partage cette opinion : « Il est vital pour les jeunes créateurs de mode d'adopter ces nouveaux modes de communication, car c'est un moyen extrêmement facile d'atteindre énormément de gens, d'intéresser la presse et les potentiels acheteurs, aussi bien les vendeurs que les particuliers. »

Le contenu utilisé pour les réseaux sociaux s'inscrit généralement dans l'une de ces quatre catégories : texte, image, documents audio ou vidéo. Leurs différentes plates-formes se prêtent à différents types de contenu. Parmi les types de plate-forme les plus appropriés pour les start-ups dans la mode :

- ***Constitution de réseau social :*** Créez un profil personnel ou une page d'entreprise puis chattez avec les internautes et partagez avec eux des informations, vidéos, photos ou documents sonores. Ex. : Facebook, Myspace.
- ***Applications de présence :*** Créez des posts comme des micro-blogs abordant votre activité actuelle, vos opinions ou centres d'intérêt. Ex. : Twitter.
- ***Partage de vidéos :*** Téléchargez et partagez vos vidéos ou même créez votre propre chaîne. Ex. : YouTube.
- ***Partage de photos :*** Téléchargez des photos et images qui seront visionnées par une communauté d'internautes de votre choix. Ex. : Flickr.
- ***Wikis :*** Créez, éditez et partagez des informations sur une marque, une personne, un sujet ou un thème. Ex. : Wikipédia.

Pour une petite start-up, une part du défi consiste à gérer sa stratégie de réseaux sociaux et à trouver le temps de mettre au point du contenu et d'optimiser son exposition. Si les réseaux sociaux peuvent être un moyen rentable de promouvoir la marque, les retombées sont à l'évidence proportionnelles au temps que l'on peut y consacrer. Il est donc essentiel de décider en amont ce que sera sa stratégie et de se focaliser sur les réseaux les plus adaptés à son entreprise.

Astuces pour optimiser l'exposition de son contenu dans les réseaux sociaux

Richard Spalding *– Directeur général de Diffusion Media*

Utilisez Facebook : *Créez votre page Facebook pour y mettre l'ensemble de votre contenu, images, vidéos (liens d'un canal YouTube), etc. Vos clients sont sur Facebook. N'attendez pas que les internautes consultent un blog, ils veulent « se faire des amis » là où ils ont une chance de le faire. Facebook est hautement optimisé pour faire des recherches : si des personnes cherchent votre entreprise ou vos produits, ils les trouveront plus facilement sur ce réseau social.*

Créez un suivi : *Si vous avez des choses intéressantes à dire, les internautes consulteront naturellement votre page Facebook et l'« aimeront ». Concevez cette page avec autant d'enthousiasme que celui qui vous guide dans vos autres activités. On vous remarquera.*

Réalisez des vidéos et promouvez-les : *Réaliser une vidéo est peu coûteux. Aujourd'hui, on peut lire des vidéos HD sur un iPhone. Créez beaucoup de contenu vidéo, proposez-le sur votre page Facebook et faites en sorte que vos amis l'« aiment » et fassent des commentaires.*

Mettez en place un canal YouTube : *Concevez le fond comme votre page Facebook, placez-y tout votre contenu vidéo puis devenez ami avec et inscrivez sur YouTube toutes les personnes susceptibles d'apprécier vos créations. Ensuite, à chaque fois que vous réaliserez une vidéo, vous pourrez l'envoyer à tous vos amis et aux internautes inscrits.*

Ne vous éparpillez pas : *Utilisez seulement Facebook et YouTube comme des « débouchés » sociaux. N'essayez pas de gérer un canal YouTube, une page Facebook, un flux Twitter et un blog. Restez simple et focalisez-vous sur les sites fréquentés par le public.*

Blog : *Des centaines de designers en ligne et de fanas d'informatique peuvent créer des canaux et vous aider à les élaborer. Ils sont très simples à entretenir une fois en place.*

Lorsque l'on se lance dans les réseaux sociaux, il est important de trouver sa voix et celle de sa marque. Qui êtes-vous et comment voulez-vous qu'on vous perçoive ? Quelle part de la gestion de votre entreprise êtes-vous enclin à partager ? Certains designers relatent leurs activités quotidiennes, bonnes ou mauvaises, afin d'encourager un dialogue personnel avec les internautes qui les suivent, tandis que d'autres marques s'en tiennent à un dialogue de « marque » professionnelle. Cette voix doit s'accorder à la situation, comme l'affirme Amelia Gregory au sujet de Twitter. « C'est un mode de communication incroyablement égalitaire, car il permet aux utilisateurs de se constituer un réseau à tous les échelons de la hiérarchie, mais il faut tout de même savoir que de subtiles frontières existent. Par exemple, réfléchissez toujours à la façon dont vous abordez un individu avec lequel vous souhaitez faire affaire, car ce premier contact sera décisif dans l'idée qu'il se fait de votre marque. »

Événements et manifestations

Les salons

Rendez-vous privilégié entre les marques, la presse et les acheteurs, ils permettent de promouvoir votre nom et votre marque. Il est donc important de se constituer un dossier de presse étoffé (voir page 170). Les salons grand public ont pour vocation de vous faire connaître auprès des particuliers.

Les rencontres professionnelles

Chaque année, des rencontres entre les jeunes marques et les professionnels de la mode sont organisées. Lisez la presse spécialisée pour connaître le calendrier de ces manifestations.

Acceptez les invitations à des soirées et à des cocktails, c'est une très bonne occasion de parler de vous et de ce que vous faites. Faites-vous inviter à des soirées fréquentées par les professionnels de la mode et nouez des contacts avec les organisateurs de ce type d'événement.

Les défilés

Organiser un défilé permet de présenter ses collections à la presse et aux acheteurs du monde entier, et d'avoir une vitrine et une visibilité sans pareil.

Les défilés sont pour les créateurs l'opportunité de promouvoir leurs dernières collections. En fonction du marché que vous ciblez, ils peuvent avoir lieu pendant les Semaines des défilés ou à l'occasion d'événements publics directement destinés aux particuliers.

Conseils pour organiser un défilé

La salle
La salle est-elle suffisamment grande ? Bien située ? Convient-elle à votre image ? Peut-on installer un podium et des sièges pour les invités ? Y a-t-il des coulisses ?

Évaluation des risques / assurance
La salle doit être conforme aux normes de sécurité. Si vous organisez vous-même le défilé, vous devrez souscrire une assurance de responsabilité civile et professionnelle.

Le podium
La présence d'une scène surélevée permet au public de voir la collection dans de bonnes conditions. Il est important que les spectateurs puissent voir la totalité du modèle. On peut aussi envisager un podium au niveau du sol.

L'ambiance musicale
La musique doit refléter l'histoire de votre collection. Vous devrez avoir une autorisation pour faire passer certains morceaux. Si vous faites appel à un DJ, assurez-vous qu'il a une licence. Dans le cas contraire, demandez une autorisation à la Sacem, qui vous demandera de verser une redevance.

L'équipe
En coulisses, vous aurez besoin d'une équipe d'habilleuses. Vous trouverez facilement des volontaires parmi les étudiants d'écoles de stylisme. Montrez-leur les mises en place et indiquez-leur l'ordre de passage.

Essayez de trouver quelqu'un pour placer les invités aux premiers rangs.

Les mannequins
Faites appel à des agences professionnelles. Le nombre et la réputation de vos mannequins dépendent en grande partie de votre budget. Commencez par organiser un casting – consultez les books et faites-les défiler pour vérifier qu'elles présentent bien vos modèles. Prenez des photos de celles qui vous plaisent. Une fois que vous avez arrêté votre choix, appelez les agences pour réserver vos mannequins. Si votre présentation a lieu pendant une semaine de défilés, on vous donnera une option, et on vous confirmera leur disponibilité quelques semaines avant. Vous les rappelerez pour leur indiquer l'heure à laquelle se présenter. Si c'est l'époque des défilés, elles arriveront environ quatre heures avant le show. Certaines enchaîneront avec d'autres événements le même jour.

Vous devez négocier avec l'agence ce que vous souhaitez faire. Si vous voulez utiliser des images du défilé pour des catalogues, des sites Internet ou de la publicité, les tarifs seront plus élevés.

Le photographe
Réservez un photographe de défilé pour envoyer des photos aux journalistes qui n'ont pas pu se déplacer. Essayez autant que possible de choisir quelqu'un qui ait de bonnes relations avec la presse. Pour vos photos de podium, vous pouvez vous inspirer des photos qu'on trouve sur les sites www.vogue.fr et www.style.com.

L'éclairage
Faites-vous aider par des professionnels. Inutile d'investir dans un équipement haut de gamme, mais ayez un éclairage correct pour prendre des photos.

La coiffure et le maquillage
Vous aurez besoin d'une équipe de coiffeurs et de maquilleurs. Il leur faut généralement entre trente et soixante minutes pour préparer un mannequin. Vous trouverez dans les écoles de mode et de coiffure des étudiants prêts à venir travailler pour vous. Vous pouvez aussi trouver des sponsors (voir ci-dessous).

Les invitations
Elles doivent être envoyées au moins quatre semaines avant la date prévue (le délai peut être plus court si vous défilez pendant une Semaine de défilés officielle et que vous figurez sur le calendrier). L'impression des invitations doit être lancée au moins six semaines à l'avance. Faites le point peu avant le défilé pour évaluer le nombre de personnes qui seront présentes et faites un plan pour savoir où placer le public. En principe, les journalistes sont assis d'un côté du podium, les acheteurs et les invités de marque sont placés de l'autre côté.

L'animateur
Si votre défilé s'adresse plus à des particuliers qu'à des professionnels et à des journalistes, il peut être judicieux de faire appel à un animateur pour présenter le défilé. Trouvez quelqu'un qui ait une certaine prestance et le sens de l'humour.

Vous pouvez rédiger un texte de présentation pour remercier vos sponsors et aborder les points forts de votre collection.

Texte de présentation et communiqué de presse
Pensez à rédiger un texte de présentation mentionnant les membres de votre équipe et vos sponsors. Vous pouvez placer ce texte sur les sièges avant le début du défilé. Il pourra aussi servir de communiqué de presse.

La presse et les médias
Un mois avant le défilé, envoyez un communiqué de presse et faites-vous confirmer sa réception. Deux semaines avant, envoyez un autre communiqué et rappelez les services de presse pour vous assurer que le document a bien été reçu. Donnez un angle d'attaque. Les défilés sont de grandes histoires visuelles et peuvent recevoir une couverture médiatique régionale et nationale, y compris à la télévision.

Déjeuners de presse

Les marques qui ne présentent pas de défilé organisent assez souvent une présentation de leur collection à la presse, soit dans un hôtel de centre-ville, soit dans l'atelier du créateur. Si votre marque est inconnue, vous devrez trouver les arguments pour convaincre les journalistes de se déplacer. Ce type de présentation est un outil de communication très efficace.

Sponsors / Partenaires

Les défilés sont souvent soutenus par des sponsors. Les grandes marques de cosmétiques comme L'Oréal peuvent parrainer une partie du défilé et contribuer à la coiffure et au maquillage. La participation d'une marque très connue peut avoir des retombées intéressantes et donner une légitimité à votre marque.

Des marques de cosmétiques comme Mizani acceptent de collaborer avec des créateurs pour des défilés qui complètent leur image de marque et diffusent leurs produits à un grand public.

Nzinga Russell pour Mizani :

« Mizani est une marque de produits spécialisés dans le cuir chevelu des cheveux très bouclés. Notre intérêt pour la mode et la création nous conduit souvent à soutenir le travail de certains stylistes de mode. Kulture 2 Couture est arrivé à point nommé.

Pour continuer à développer notre marque, nous recherchons des opportunités pour valoriser notre image et soutenir la création. K2C répondait à ces deux critères. Cette marque nous a permis de tisser des liens étroits avec la mode. Il est à la fois stimulant et gratifiant de soutenir les talents émergents. S'impliquer dans une initiative au premier stade de son développement permet de créer une synergie et un partenariat entre les deux marques.

La coiffure et la mode sont inextricablement liées, c'est pour cette raison que nous avons voulu nous investir dans ce projet, qui nous tient à cœur et a une grande valeur commerciale. »

Les créateurs sont souvent sollicités pour participer à des projets collaboratifs. Une société de téléphonie mobile pourra avoir besoin d'un étui à téléphone pour assurer la promotion d'un produit. Outre qu'il est une source de revenus non négligeable, ce type de partenariat peut être l'occasion de positionner sa marque sur le marché. Même si la plupart du temps ce sont les responsables marketing qui s'adressent aux créateurs, n'ayez pas peur de soumettre des propositions si vous pensez avoir un projet intéressant qui pourrait se greffer à la stratégie commerciale d'une autre marque.

Caroline Mackay, chef de produit pour Knomo :

« En tant que nouvelle marque d'accessoires "nouvelle technologie", nous voulions placer la barre assez haut et faire vraiment parler de nous dans la presse de mode. On nous a mis en contact avec le salon créateurs OnlOff, où nous avons découvert les très beaux modèles de la marque Belle & Bunty.

Les marques Knomo et Belle & Bunty se sont associées sur ce projet pour obtenir une meilleure couverture médiatique.

Ensemble, nous avons eu l'idée d'utiliser un de leurs imprimés phares sur notre sac le plus commercial, la sacoche pour femme Cholet. Les sacs ont très bien marché auprès de nos clients et ont été montrés dans *Marie Claire* et *Grazia* ; notre seul regret est de ne pas en avoir produit plus ! »

Relations publiques et communication

Les relations presse et les relations publiques sont un outil de communication essentiel pour faire connaître votre marque. En outre, ces techniques de communication sont beaucoup moins onéreuses que le recours à la publicité. Elles s'appliquent parfaitement au secteur de la mode, car il y a toujours quelque chose de nouveau à écrire.

Quelle est votre histoire ?

Il est essentiel de bien cerner les champs et les rubriques couverts par la presse de mode.

Niki Turner, RP et directrice marketing de Kurt Geiger :

« Familiarisez-vous avec la revue ou le magazine que vous souhaitez toucher. Montrez que vous connaissez le contenu de leurs pages et ne vous contentez pas d'une histoire toute faite. Il faut que vous trouviez un angle qui soit pertinent pour chaque magazine. Il faut faire preuve d'imagination et adopter la meilleure approche possible pour attirer l'attention, sans que cela nuise à votre image de marque. J'entends souvent les journalistes de mode se plaindre de la quantité d'âneries qu'on leur envoie, des papiers qui ne tiennent pas compte des rubriques dans lesquelles ils pourraient figurer. Les journalistes aiment lire des histoires qui ont une accroche et une actualité, comme des partenariats, des associations caritatives, ou tout ce qui touche aux célébrités. »

Conseils pour avoir une bonne couverture presse

- ***Jouez au reporter :*** *Mettez-vous à la place d'un journaliste. Qu'est-ce que les journalistes veulent faire lire à leurs lecteurs ? Quels sont les sujets et les produits qui suscitent un intérêt ? Quels sont les angles qui intéresseront les journalistes ?*

- ***Des arguments sur mesure :*** *Quand vous rédigez votre argumentaire, il faut adapter votre discours à un seul journal, du type : « Cette idée devrait vous intéresser parce que... ».*

- ***Pensez au long terme :*** *Instaurez de bonnes relations avec les journalistes. Si un journaliste que vous connaissez bien ne retient pas un communiqué que vous lui envoyez, vous savez néanmoins qu'il les lit et qu'il publiera peut-être le suivant. Tout est question de relations.*

Le dossier de presse

Avant de prendre contact avec les médias, constituez-vous un dossier riche en informations et en images, qui comprendra les éléments suivants :

- Un historique et un aperçu de la marque.
- Une biographie du créateur.
- Un catalogue des modèles de votre collection.
- Des coupures de presse.
- Votre nom et vos coordonnées complètes.

N'oubliez pas de mettre régulièrement à jour le profil de la marque et du créateur. Vous joindrez également un catalogue de vos derniers modèles. C'est dans les catalogues que les journalistes et les stylistes photo puisent leur inspiration pour leurs magazines.

Chaque communiqué doit utiliser un angle différent en fonction de la cible de journalistes que vous avez retenue. Les raisons qui justifient la parution d'un communiqué sont le lancement d'une nouvelle collection, des nouveaux points de vente pour vos produits, un rapport avec des célébrités.

Structure d'un communiqué de presse

POUR PUBLICATION IMMÉDIATE
Ces mots doivent apparaître en haut à gauche en lettres majuscules.

Le titre
En une phrase, vous devez donner une idée du sujet de votre communiqué. Les articles, les prépositions et les conjonctions sont en minuscules.

La date et le lieu
Date et nom de la ville d'où est émis le communiqué de presse.

Le chapeau
Paragraphe d'introduction conçu pour attirer l'attention du lecteur. Il doit résumer le contenu de votre message et répondre aux questions : qui, quoi, quand, où, et

pourquoi. Il doit donner envie au lecteur d'en savoir plus et de poursuivre sa lecture.

Le corps
C'est la partie principale du communiqué. On utilise souvent la technique dite de « la pyramide inversée », qui consiste à placer les principales informations factuelles d'abord et les informations de second plan ensuite.

Fin du communiqué
Votre communiqué se termine par un court paragraphe sur votre marque et vos produits.

Informations de contact
Nom, numéro de téléphone, adresse email et site Internet.

Un dossier de presse ne vous garantit pas une couverture médiatique. La fonction d'un RP ou d'un attaché de presse est de développer des relations avec les médias, et d'entrer directement en contact avec les journalistes responsables des rubriques où vous souhaitez apparaître. Au moment d'appeler, sachez exactement ce que vous allez dire et assurez-vous que vous parlez avec la bonne personne. Quand vous aurez créé un solide réseau, vous commencerez à recevoir des appels de journalistes qui vous emprunteront vos produits pour écrire leurs articles et faire des prises de vues.

EXERCICE

Constituez un fichier presse de vingt journalistes ou rédacteurs de mode.
Identifiez les organes de presse qui correspondent le mieux à votre clientèle cible. Familiarisez-vous avec chaque revue et faites une liste des journalistes responsables des rubriques qui vous intéressent. Sélectionnez les vingt journalistes qui vous semblent les plus pertinents pour parler de votre marque. Cette liste constituera le cœur de références de vos relations presse.

Shopping et séance photo

Quand les journalistes empruntent des modèles pour faire un sujet de mode ou préparer une séance photo, ils parlent de « shopping ». En général, ils auront une idée précise de ce qu'ils veulent photographier, car ils auront vu les modèles pendant le défilé ou dans votre catalogue. Si votre catalogue n'est pas exhaustif, c'est le moment de les orienter vers votre site Internet.

En principe, journalistes et stylistes photo sont responsables des modèles qu'ils vous empruntent. Les grands magazines de mode et les émissions de télévision envoient un coursier à leurs frais pour venir chercher le produit et se chargent également des retours, mais cela dépend évidemment de l'emplacement de votre atelier. Dans d'autres circonstances, c'est vous qui êtes en charge d'apporter vos modèles. N'hésitez pas à leur demander s'ils peuvent s'occuper de l'expédition. Si vous êtes trop éloigné des bureaux des principaux médias, vous pouvez aussi faire appel à une agence de RP et leur confier des échantillons susceptibles d'être montrés à la presse. Ils se chargeront de toutes les relations avec les journalistes.

Contrôler le suivi

À l'issue de la séance photo, faites l'inventaire exact des modèles qui ont été envoyés, quand et à qui. Conservez un exemplaire de cette fiche et joignez-en une copie à l'envoi des produits. Incluez une décharge pour tout dommage ou modèle non retourné, et facturez tout modèle perdu ou endommagé à son prix maximum. La presse en fait parfois venir des centaines par jour. Un vêtement est vite égaré... Insistez pour que l'on vous renvoie vos modèles immédiatement après la séance pour les préparer à une autre demande.

Dossier de presse et plaquettes de presse

Ce n'est pas parce que la presse a voulu voir vos modèles qu'ils seront publiés. Si votre produit est retenu par un magazine, on vous appellera pour se renseigner sur le prix de vente des modèles et la liste des points de vente où ils sont distribués, avec les adresses et les numéros de téléphone. Demandez dans quel numéro il sera publié et sous quelle forme il apparaîtra. Conservez un exemplaire de la revue et ajoutez-le à votre dossier de presse. C'est un outil précieux que vous montrerez aux acheteurs et à d'éventuels investisseurs. Vous pouvez également publier votre dossier de presse sur votre site Internet.

Les plaquettes de presse sont un bon moyen de montrer aux acheteurs et aux particuliers que vous avez eu de la presse. Elles peuvent contribuer à la vente du produit.

Pour les reportages de presse importants, il est utile de faire imprimer les pages du magazine en grand format. Mettez bien en évidence ces plaquettes quand vous exposez sur un salon pour montrer aux acheteurs potentiels que votre marque fait parler d'elle dans la presse. Commandez aussi quelques exemplaires de ces plaquettes pour vos gros distributeurs.

Habiller les stars

Si vous réussissez à faire porter vos modèles par des célébrités, votre marque a de fortes chances d'être propulsée sur le devant de la scène. Néanmoins, sachez que votre vêtement sera lié à la manière dont le porte la star. Si vous créez des robes de gala, il vaut mieux que la personnalité qui les porte fasse partie des *happy few* de Hollywood plutôt qu'elle soit connue pour son mauvais goût !

Pour habiller les stars, il faut commencer par entretenir de bonnes relations avec leurs assistants. Même si la célébrité s'habille *in fine* comme elle l'entend, certaines sont très influencées par leur habilleuse. Certains services, comme les Red Pages (www.theredpages.co.uk), communiquent les coordonnées de certaines célébrités du monde entier contre un abonnement mensuel. Le plus souvent, on vous donne les coordonnées de l'agent qui représente la célébrité. En général, on vous orientera vers l'habilleuse.

Oz et Kat Aalam de la boutique londonienne Damsel :

« La couverture presse des magazines et l'adoption de notre marque par des célébrités ont une influence considérable sur nos ventes. »

Un RP en interne ou une agence de communication ?

Si vous tremblez à la simple pensée d'appeler les journalistes, il est sans doute préférable de faire appel à un attaché de presse ou un RP. Vous pouvez prendre quelqu'un en interne ou déléguer ce service à une bonne agence de communication spécialisée dans le secteur de la mode.

Avantages et inconvénients

Un responsable en interne

Les avantages :

- *A directement accès aux autres services de l'entreprise.*
- *Peut agir rapidement et efficacement à des demandes extérieures.*
- *Connaît parfaitement le positionnement et l'histoire de la marque.*
- *Ne s'occupe que de votre marque.*

L'inconvénient :

- *S'ajoute aux frais fixes de votre entreprise (même si c'est un poste à mi-temps).*

En agence

Les avantages :

- *Une équipe de consultants spécialisés dans des domaines précis (rédacteurs et équipe de production).*
- *L'objectivité peut susciter l'adoption de nouvelles idées et de nouvelles méthodes.*
- *Plus d'expérience, un carnet d'adresses plus étoffé.*
- *Coût variable pour votre entreprise.*

L'inconvénient :

- *La priorité est donnée aux gros clients.*

En général, les agences de communication et de relations publiques prennent des honoraires mensuels, qui peuvent varier de 750 € par mois pour un petit bureau de presse à 15 000 € et plus pour les grandes agences qui ont l'habitude de travailler pour des marques plus établies. Si votre budget est limité, il vaut mieux donner la priorité aux ventes plutôt que de faire appel aux services d'une agence, ce qui est un investissement à long terme. Il existe des centaines de marques de mode dont on n'entend jamais parler, car elles ne communiquent pas beaucoup, mais qui font néanmoins un chiffre d'affaires conséquent. Au lieu de courir les journaux, elles préfèrent investir dans la relation clientèle et la vente. La publicité et la communication ne feront pas recette si le produit que vous créez déçoit vos clients.

Étude de cas : Soulland

Le créateur danois Silas Adler a lancé sa marque de mode Soulland en 2002, à l'âge de dix-neuf ans, sans formation préalable dans la mode. « Quand j'ai commencé, je n'avais aucun projet précis. J'ai foncé, tout simplement. En fait, j'ai lancé ma société avec des copains du lycée. Nous manquions les cours pour faire du skateboard. Un matin, je me suis réveillé en pensant : pourquoi aller en cours alors que je peux lancer une marque de vêtements ? » Les premiers temps, ils ont produit des tee-shirts qu'ils vendaient à leurs amis et à de petites boutiques de skateboard. Vite lassés, ses amis ont repris le chemin du lycée, mais Silas a tenu bon. « Quand j'y repense, je ne sais pas ce qui m'y a poussé. Tout était nouveau et je n'avais aucune expérience, mais j'apprenais à chaque instant. Je me suis créé ma propre école, en quelque sorte. »

Les deux premières années, Silas a enchaîné les petits boulots à côté. Il a également effectué un stage et travaillé pour le magasin de vêtements WoodWood. « Un jour, je me suis dit que si c'était vraiment mon objectif, je devais m'y consacrer à 100 %. » Il s'est alors lancé à plein temps, créant une collection qui comprenait dix styles différents. Sa mère l'a aidé à officialiser son activité, mais en 2007 il s'est trouvé un partenaire, Jacob Kampp Berliner. Jacob avait auparavant développé une marque de bijoux au Danemark, il aimait la philosophie de Soulland. Simple investisseur au départ, Jacob est devenu en 2009 un membre à part entière de l'équipe et dirige aujourd'hui la société avec Silas.

Chaque année, Soulland propose désormais deux collections complètes de prêt-à-porter. D'après Silas, « le produit doit apporter quelque chose de spécial au marché » et « être en phase avec la stratégie des prix afin que le consommateur cible l'achète ». Si la marque s'est focalisée les premières années sur la vente en gros, elle a récemment ouvert son premier espace de vente. Il est encore trop tôt pour dire si c'est une orientation qu'ils poursuivront dans le futur. À l'origine, la production était effectuée localement, mais l'élargissement de la gamme les a menés à en délocaliser la majeure partie au Portugal. Les techniques traditionnelles des artisans danois apportant une valeur ajoutée aux articles,

la collection de chapeaux est toujours produite à Copenhague. « La production est de loin ce qu'il y a de plus frustrant dans la gestion d'une entreprise », estime Silas.

Traitée en interne, la communication et la constitution d'un réseau ont été déterminantes pour faire connaître Soulland. Membre important de la communauté des skateurs, Silas s'est lié d'amitié avec des skateurs de différents pays – « le skateboard est notre point commun », explique-t-il, convaincu que la mode peut jouer un rôle semblable. « Il est fondamental d'être ouvert lorsque l'on prend des contacts, car on ne sait jamais où la vie mènera ces personnes. » Dans le cadre de sa stratégie de communication, Soulland a organisé un défilé une fois leur première collection complète. Aucune autre marque pour hommes n'avait défilé à Copenhague, mais grâce à leur démarche, ils proposent aujourd'hui « l'un des défilés les plus populaires de la Fashion Week de Copenhague ».

Silas estime avoir une grande chance, il est comblé par le fait d'être son propre patron. Voir ses idées prendre forme et devenir une source de profits est également très gratifiant. « Collaborer avec mon équipe, sentir que l'on manœuvre ce bateau ensemble » sont des sources permanentes d'inspiration ; « cela me motive de sentir que je m'améliore et apprends en permanence ». Si son équipe et lui travaillent d'arrache-pied pour développer leur activité, il admet tout de même qu'ils « s'amusent beaucoup » ! Selon lui, les entrepreneurs dans la mode « doivent être très flexibles et prêts à prendre d'autres voies à tout moment, car d'un jour à l'autre la situation n'est jamais la même ». Il affirme aussi qu'il est important de « rester humble », car « on n'a jamais fini de faire ses preuves ». À un nouveau venu dans le secteur, Silas donne le conseil suivant : « Quatre fois sur cinq, réfléchissez avant d'agir ; la cinquième, agissez avant de réfléchir, et tirez-en une leçon. »

Soulland est passé de la vente de tee-shirts au statut de nouvelle marque smajeure de prêt-à-porter masculin au Danemark.

I AM LOCKED IN A VERY EXPENSIVE SUIT

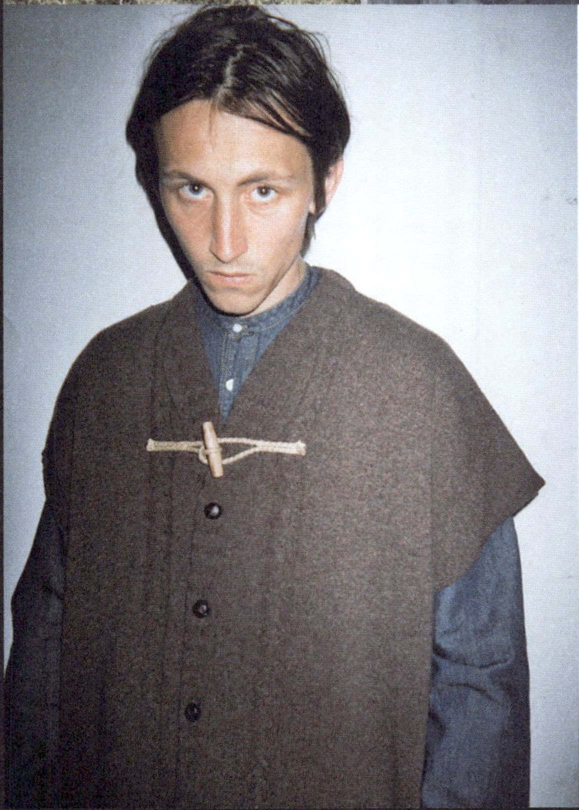

Chapitre 13 : Le financement

La question du financement est souvent celle que les jeunes entrepreneurs considèrent en dernier quand ils créent leur marque. Cependant, il est conseillé d'établir des prévisions financières dès le départ. Comme l'explique Caroline Charles, « il ne faut pas essayer de dissocier la partie créativité et marketing de l'aspect financier – plus tôt vous l'intégrerez au processus créatif, plus vite vous réussirez ». Ce chapitre décrit les étapes pour construire un plan de financement afin de démarrer l'activité et de vérifier sa viabilité : les frais d'un local commercial, la production, le marketing, le matériel et les imprévus.

Plan de financement prévisionnel

L'établissement d'un plan de financement est un point souvent délicat pour les jeunes marques de mode. L'encadré ci-dessous indique les principales dépenses initiales et les frais de fonctionnement auxquels vous devrez faire face. Après avoir évalué chaque dépense, vous obtiendrez votre budget prévisionnel. Ajoutez le revenu que vous espérez pouvoir toucher, même s'il est peu probable que vous puissiez vous payer dans les premiers temps. Si votre capital de départ est limité, il est important de fixer des priorités.

Tenue habillée par Pose London.

Plan de financement initial

Frais d'établissement	Dépenses courantes
Immatriculation de la société	Loyer ou remboursement du prêt
Honoraires de conseil juridique et fiscal	Frais fonctionnels
Frais d'installation en atelier : loyer, système de sécurité, caution ou achat de propriété, mobilier, équipement	Salaires employés / votre revenu (salaire ou traitement)
Recherche de développement : production, fournisseurs tissus / matières, salons, base clients	Production
Voyages	Marketing / ventes / publicité
Outils de communication : cartes de visite, papier à en-tête, site Internet, etc.	Voyages
Prototypes	Assurances
	Taxes
	Remboursement de crédit
	Besoin en fonds de roulement

Évaluer les recettes

En général, il est plus facile de prévoir les frais que les recettes. Les jeunes entreprises manquent de repères pour prévoir leur chiffre d'affaires. Au départ, vos estimations reposeront sur des hypothèses que vous déduirez de vos études de marché et des enquêtes que vous aurez menées sur votre segment de marché. Après les douze premiers mois d'activité, vous pourrez commencer à vous baser sur les chiffres de l'année précédente pour établir vos prévisions.

Commencez par prévoir le nombre de points de vente qui distribueront votre produit. Il est fort possible que les premières commandes n'excèdent pas 1 500 €, car les acheteurs souhaitent d'abord voir si vos produits se vendent bien. Si vous comptez vendre à la grande distribution, le volume des ventes sera certainement plus important (il vous faut compter entre cent et mille vêtements d'un modèle), et vous pourrez rapidement dégager des bénéfices.

Pour établir vos premières prévisions de recettes, regardez votre tableau et imaginez plusieurs cas de figure : Que se passe-t-il si vous ne réalisez que la moitié des ventes que vous avez prévues ? Ou un quart ? Et si vous ne faites aucune vente ?

Même si votre apport personnel couvre vos frais d'établissement, vous devrez prévoir un fonds de roulement pour payer la production de votre première collection. Si vous évaluez correctement votre plan de financement, il vous sera plus facile de négocier une autorisation de découvert avec votre banquier le moment venu.

Trouver des financements

Évaluez vos sources de financement disponibles et étudiez bien les conditions d'octroi d'un prêt. Demandez à votre comptable d'analyser avec vous les capitaux que vous pouvez réunir :

- Épargne personnelle.
- Prêts de parents et d'amis.
- Banques et établissements de crédit.
- Aides et subventions.
- « Business angels » et investisseurs en capital risque.

Épargne personnelle

Si le capital dont vous avez besoin pour monter votre entreprise n'est pas très important, vous pouvez la créer avec vos fonds propres. Vous gardez le contrôle sur votre activité et n'avez de comptes à rendre à personne sur la gestion de votre entreprise. L'inconvénient évident, c'est que vous gagez toutes vos économies !

Prêts de parents et d'amis

L'emprunt d'argent à des amis ou à des parents est délicat, surtout si les promesses de remboursement ne sont pas tenues ou que les conditions du prêt ne sont pas respectées. Rédigez un contrat, avec un échéancier et un délai de remboursement clairs.

Banques et établissements de crédit

Les banques et les sociétés de crédit pourront vous octroyer un prêt ou vous proposer une autorisation de découvert si le projet d'entreprise est assez solide. Le banquier limite fréquemment son engagement à hauteur de la mise du créateur : il considère que les fonds propres doivent au moins égaler l'emprunt sollicité.

En principe, les prêts servent à acheter du matériel (machines à coudre, ordinateurs, etc.), à compléter les frais d'établissement et à constituer un fonds de roulement. On vous demandera souvent de fournir une garantie.

Le découvert autorisé permet de faire face au décalage de trésorerie et de couvrir les dépenses courantes. Normalement, les dépenses sont équilibrées par les recettes des ventes, mais en cas d'imprévu ou d'impayé quelconque, l'autorisation de découvert permettra de couvrir des dépenses à court terme.

Vérifiez les offres des établissements de crédit auprès de la Banque de France. Comparez les différents taux et les assurances sur www.meilleurtaux.com ou www.moneyexpert.com.

Rappel :

Avant de vous octroyer un prêt, les banques exigeront :

- *Que votre emprunt soit à la hauteur de vos ressources.*
- *D'avoir une solution de recours en cas de problème.*
- *De donner une caution avant de souscrire à un prêt, demandez conseil à un professionnel.*
- *De les informer régulièrement de vos progrès ainsi que des problèmes ou des changements éventuels.*
- *D'avoir un plan d'affaires complet et détaillé.*

Aides et subventions

Des subventions peuvent être accordées aux entreprises ou aux individus pour monter un projet spécifique. Si vous prétendez aux critères d'attribution d'une subvention, vous pouvez bénéficier d'une aide sans être tenu ni de la rembourser ni de céder des parts de capital. Il faut néanmoins savoir que les subventions ne couvrent qu'une partie des dépenses d'un projet (c'est à vous de trouver le reste de la somme). Pour être bénéficiaire de ces dispositifs, vous devez constituer un dossier complet et fournir des justificatifs. Le montage du dossier est parfois long et fastidieux. Assurez-vous par conséquent que le temps que vous y consacrerez en vaut vraiment la peine.

Le portail des aides aux entreprises (www.toutaide.com) et la rubrique « Principales aides financières » du site de l'APCE (www.apce.com/pid1622/principales-aides-financieres.html) permettent aux jeunes entrepreneurs d'accéder à une base de données recensant l'intégralité des subventions, prêts, bourses et exonérations fiscales.

« Business angels » et investisseurs en capital risque

Les « business angels » sont des investisseurs privés très fortunés qui prennent le risque d'investir dans des petites sociétés innovantes à fort potentiel.

Ils apportent généralement leur expérience de l'entreprise pour s'assurer que leur investissement a une véritable chance de réussir. Même s'ils ont tendance à investir dans des entreprises qui ont déjà fait leurs preuves, certains choisissent de répartir leurs capitaux et de soutenir des jeunes créateurs qui proposent un fort potentiel de croissance. Certaines marques de mode trouvent leurs investisseurs par le bouche-à-oreille ou par l'intermédiaire d'amis ou de membres de la famille. Le réseau de l'association France Angels organise des rencontres entre jeunes créateurs et investisseurs privés (www.franceangels.org).

À une échelle plus importante, qui concerne des investissements de plus de 1 million d'euros, des organismes de capital risque peuvent investir par une prise de participation au capital. La mode étant considérée comme un secteur à risque, ce type de financement se pratique assez rarement.

Une fois que votre projet est bien en place, vous pouvez commencer à rédiger votre plan d'affaires.

Séduire les banques et les investisseurs

Un plan d'affaires, appelé aussi « business plan », est une présentation détaillée et concise de votre projet ; c'est à la fois sa mise en forme concrète, votre plan de route pour l'avenir et un outil de présentation nécessaire pour convaincre les banques et les investisseurs. C'est un document qui fixe vos objectifs commerciaux et financiers, et votre stratégie pour les atteindre. Le plan d'affaires doit également inclure une analyse de votre segment de marché et de la concurrence. L'APCE (Agence pour la création d'entreprise) vous indiquera les voies à suivre et pourra peut-être vous recommander une personne spécialisée dans la mode.

Le plan d'affaires : les points essentiels

1 *Page de garde*

2 *Résumé du plan d'affaires : les grandes lignes du projet*

3 *Table des matières*

I. Le projet

- ✖ *Description de l'activité marketing*
- ✖ *Concurrence*
- ✖ *Stratégie d'exploitation*
- ✖ *Équipe*
- ✖ *Assurance professionnelle*
- ✖ *Analyse FFPM*

II. Dossier financier

- ✖ *Demandes de prêts*
- ✖ *Les moyens de production*
- ✖ *Bilans prévisionnels*
- ✖ *Calcul du point mort*
- ✖ *Comptes de résultat des trois premières années (inclure des facteurs tels que l'inflation, la croissance et le taux de change si nécessaire)*
- ✖ *Plan de trésorerie mois par mois*

III. Pièces justificatives

- ✖ *Relevés d'imposition des gérants des trois dernières années*
- ✖ *Bordereau de situation fiscale (toutes les banques ont ces formulaires)*
- ✖ *Exemplaire du bail commercial ou de l'acte d'achat du local*
- ✖ *Copies des licences et des statuts de la société, CV de tous les responsables de la société*
- ✖ *Lettres d'intention des fournisseurs, etc.*

Conseils pour bâtir un plan d'affaires

- ✖ *Cherchez sur Internet des modèles de plan d'affaires.*
- ✖ *Étudiez des stratégies de gestion des risques.*
- ✖ *Analysez les forces et les faiblesses de votre équipe de travail.*
- ✖ *Incluez un plan de trésorerie sur un an, ventilé mois par mois.*
- ✖ *Soignez la présentation de votre plan d'affaires. C'est un outil de communication essentiel.*
- ✖ *Soumettez votre plan à des experts et demandez-leur conseil.*
- ✖ *N'hésitez pas à modifier et à mettre à jour votre plan d'affaires pour rendre compte de l'évolution de votre entreprise. Cependant, conservez toujours un exemplaire de l'original et un résumé expliquant les modifications que vous avez apportées.*

Comblez les lacunes

On vous demandera de fournir des plans de trésorerie montrant que votre entreprise est viable et que vous serez toujours en mesure de rembourser vos emprunts. Vos prévisions doivent être réalistes et étayées par des chiffres. Demandez à votre comptable de vérifier ces projections. Sachez tout de même à quoi correspondent les chiffres de vos tableaux financiers, car c'est vous qui devrez expliquer la viabilité du projet aux banquiers et aux investisseurs. Enfin, vous devez envisager des solutions alternatives au cas où les choses ne se passeraient pas comme prévu.

Entraînez-vous

Pour réussir à trouver les financements dont vous avez besoin pour lancer votre entreprise, apprenez à présenter clairement vos idées. Vous devez être capable de répondre à toutes les questions sur le concept de votre activité, le produit, le prix, le marché, ainsi que sur votre parcours personnel.

Conseils pour convaincre des investisseurs

Montrez de l'enthousiasme
Montrez de l'enthousiasme pour votre projet. Soyez percutant si vous voulez que l'on se souvienne de vous.

Tenez-vous en à l'essentiel
Ne les inondez pas d'informations superflues.

Impliquez votre auditoire
Suscitez des questions et encouragez la discussion en posant vous-même des questions. Demandez aux investisseurs de vous parler de leurs intérêts et de leurs expériences passées.

Évitez les discours stéréotypés
Adaptez votre discours aux besoins de votre entreprise et aux investisseurs devant qui vous présentez votre projet.

Soyez crédible
Il est inutile de voir trop grand. Il s'agit de convaincre, et non d'impressionner.

Soyez clair, net et précis
Exprimez-vous clairement et évitez d'utiliser un jargon. Parlez de ce qui fait l'originalité de votre marque, de votre produit et du créneau que vous visez. Présentez votre équipe, en indiquant le niveau de qualification et les fonctions de chacun. Décrivez votre modèle d'entreprise et donnez un plan précis de votre financement (jusqu'à cinq ans), en indiquant clairement vos besoins.

Soyez réaliste
Montrez que vous avez des projets ambitieux pour votre entreprise, sans toutefois vous laisser emporter. Vous devez faire preuve de pragmatisme.

Montrez de l'assurance
Rappelez-vous que l'investissement engage deux parties. Si votre investisseur cherche à faire un bon investissement, vous aussi recherchez un bon investisseur.

Soyez préparé
Attendez-vous à un examen minutieux de votre plan d'affaires et à une évaluation sérieuse de votre capacité à travailler en équipe.

Posez beaucoup de questions
Renseignez-vous sur les méthodes et les conditions de prêt de vos prêteurs potentiels. Discutez avec des amis et des parents de leur expérience dans ce domaine et demandez conseil à votre comptable.

Trouvez un bon comptable
Un bon comptable pourra vous faire économiser beaucoup d'argent.

Vous pouvez utiliser la base de données nationale sur le site www.comptable-en-ligne.net, consulter l'annuaire www.xpert-comptable.fr ou faire appel à l'ordre des experts-comptables sur www.experts-comptables.fr.

Le calcul des coûts

Pour réaliser un profit sur vos ventes, vous devez commencer par calculer ce que vous coûte votre produit. Si beaucoup d'entreprises savent calculer des dépenses directes, comme le tissu, elles ont parfois plus de mal à évaluer le coût de plusieurs produits, comme le fil, les attaches, les garnitures, etc.

Certains créateurs ajoutent 30 à 40 % au prix du produit final pour inclure tous les frais de fabrication, directs et indirects, avant d'ajouter leur marge bénéficiaire. Ce mode de calcul semble plus simple, mais deviendra un vrai casse-tête si vous avez l'intention de réduire les coûts.

Pour calculer le coût réel de votre produit, il est conseillé d'utiliser un tableau de répartition des coûts (voir page 191). Les intitulés des cases dépendent du produit que vous fabriquez, mais ce modèle vous donnera une idée des éléments que vous devez faire entrer dans votre comptabilité. La plupart des frais pourront être enregistrés tels quels, alors que d'autres devront d'abord faire l'objet d'un calcul. Par exemple, la coupe d'un patron et la gradation d'une robe vous coûtent 160 €. Si vous comptez vendre une seule robe, vous devez prendre en compte l'intégralité de cette somme. Mais si vous pensez en vendre vingt, le prix de cette opération sera de 160 ÷ 20 = 8 €. Si vous comptez réutiliser ce patron, le coût de l'opération pour chaque vêtement sera minime.

À partir du tableau de répartition, vous pouvez distinguer prix professionnel et prix de détail de votre produit. Cela dépend de la marge commerciale que vous comptez faire. En général, les marques de créateurs doublent ou triplent le prix, soit une marge bénéficiaire en pourcentage de 100 % ou 200 %. Si le prix est multiplié par trois, un tiers couvre les coûts directs, un tiers les coûts indirects (les frais généraux), et le dernier tiers correspond au bénéfice.

Beaucoup de créateurs fixent leur prix de vente au détail en fonction des prix du marché, avant de calculer le coût réel de leur produit. Si vous choisissez cette méthode, vous diviserez ce prix par le coefficient de marge pour obtenir le prix professionnel. Si vous comptez proposer une robe à un prix de vente au détail de 270€, vous divisez par le coefficient moyen, qui est de 2,7 pour les boutiques créateur, et vous obtiendrez un prix de gros de 100€. Si vous réduisez votre coefficient multiplicateur à 2,5, vous devrez réduire le coût de fabrication de la robe à 40€.

C'est ici que le tableau de répartition des coûts peut vous être utile. Si le prix de revient de la robe est de 45€, vous pouvez étudier le coût de chaque élément et identifier ceux qui vous coûtent trop cher. Vous pouvez aussi décider de réduire votre marge, à condition que votre entreprise puisse se le permettre.

Demandez aux acheteurs quel coefficient de marge ils pratiquent pour fixer leurs prix de détail. Dans tous les cas, il est vivement conseillé d'indiquer un PVC (prix de vente conseillé) pour limiter les écarts de prix de votre produit entre un lieu et un autre.

Taux de marge et taux de marque

Le taux de marge et le taux de marque sont deux manières de calculer un bénéfice. Attention à ne pas les confondre ! Le taux de marque, ou marge commerciale, exprime le rapport entre la marge brute et le prix de vente. Une marge de 150 % sur un produit qui vous aura coûté 50€ donne un prix de vente de 125€. Ce calcul s'exprime également par un coefficient, qui est ici de 2,5 (125 ÷ 50 = 2,5).

Le taux de marge se traduit par le pourcentage du bénéficice réalisé sur la base du prix de vente final du produit. Si vous vendez un produit 150€, et que celui-ci vous coûte 50€ à la fabrication, le taux de marge est de 66 % ([150 - 50] ÷ 150 x 100 = 66 %). Sachez tout de même qu'un prix de vente avec un taux de marge de 50% est plus avantageux pour vous qu'un prix de vente avec un taux de marque de 50 % (voir ci-contre). Par exemple, si un pull se vend 100€ et fait une marge de 50 %, il coûte 50€. Si le même pull a un taux de marque de 50 %, le prix de détail serait de 75€, c'est-à-dire 25€ de moins.

Les bénéfices calculés selon cette méthode sont bruts. Il vous faudra encore déduire vos frais généraux (frais fixes, impôt sur les sociétés, salaires, etc.), qu'on appelle également les charges indirectes, avant d'arriver au bénéfice net.

Vous avez aussi le droit d'adopter une politique de prix plus souple et de varier vos marges en fonction des produits. Par exemple, si vous vendez des jeans pour homme et des jeans pour femme, vous pouvez très bien décider de réaliser une marge de 100 % pour la ligne femme, c'est-à-dire deux fois le coût, et d'adopter un coefficient de marge de 3,5 pour la ligne hommes (250 %). Avec le temps et une meilleure expérience du marché, vous apprendrez à optimiser vos marges commerciales.

Conseils pour calculer ses marges

Vous serez souvent amené à calculer des marges pour calculer un prix de vente à partir d'un prix de revient ou pour calculer le taux de marge sur un prix de vente.

Prix de vente à partir du coût de revient
La formule pour calculer un prix de vente par rapport au coût de revient avec un taux de marge bénéficiaire est :

PV (Prix de vente) = CV (Coût de revient ÷ ([100 - marge] ÷ 100)
Pour calculer le prix de vente d'un jean avec une marge bénéficiaire de 70 % dont le prix de revient est de 30 €, la formule est la suivante : 30 ÷ ([100 - 70] ÷100) = 100€

Vous pouvez également simplifier ce calcul comme suit :

Une marge de 25% = prix de revient ÷ 0,75
Une marge de 40% = prix de revient ÷ 0,6
Une marge de 50% = prix de revient ÷ 0,5
Une marge de 70% = prix de revient ÷ 0,3

Calcul de la marge à partir du prix de revient et du prix de vente
Quand vous connaissez le prix de revient et le prix de vente, et que vous avez besoin de connaître la marge bénéficiaire, la formule est la suivante :

Marge = (1 - [PRevient ÷ PVente]) x 100
La formule pour calculer la marge d'un jean dont le prix de vente est de 100€ et le prix de revient est de 30€ est : (1 - [30 ÷ 100]) x 100 = 70%

Vous pouvez également simplifier ce calcul comme suit :

Si PR ÷ PV est 0,25, la marge est de 75%
Si PR ÷ PV est 0,60, la marge est de 40%
Si PR ÷ PV est 0,5, la marge est de 50%
Si PR ÷ PV est 0,3, la marge est de 70%

Le bénéfice brut
Le bénéfice brut exprime la différence entre les recettes des ventes et le coût de fabrication de votre produit. Bénéfice brut = prix de vente - coûts directs.

Si le coût direct = 50€ et que je le majore d'un coefficient de 2,2, j'obtiens un prix de vente de 110€ et mon bénéfice brut est de 60€. Si je vends 1 000 pièces à 110€, je ferai 110 000€ de ventes. Mais si je soustrais le prix de revient de 50€ par pièce (1000 x 50€ = 50 000€), mon bénéfice brut sera de 60 000€.

Le bénéfice net
Le bénéfice net correspond à l'argent qui vous reste après avoir soustrait tous les frais indirects de votre bénéfice brut.

Bénéfice net = bénéfice brut - frais généraux.

Mes frais généraux sont par exemple de 55 000€ : mon bénéfice net est la somme qui reste des 60 000€ de bénéfice brut, à savoir 5 000€. Le bénéfice net est l'argent que vous réinvestissez dans votre entreprise si vous êtes indépendant, ou l'argent qui reste après avoir déduit l'impôt sur les sociétés si vous êtes en société.

Tenir sa comptabilité

Une entreprise ne peut pas fonctionner sans trésorerie. Vous devez vous tenir informé de tous les mouvements bancaires.

Il est important de prévoir vos dépenses. Par exemple, vous serez couramment amené à livrer les marchandises à vos clients avant d'être payé. Si vous n'avez pas assez de trésorerie pour régler vos fournisseurs et votre personnel, vous ne pourrez tout simplement pas livrer vos marchandises.

Pour accroître vos ventes et augmenter votre chiffre d'affaires, vous devez avoir une trésorerie qui vous assure d'avoir chaque mois des fonds disponibles.

Flux de trésorerie

La liquidité est une mesure de la capacité à payer ses factures.

***La liquidité correspond** à vos ressources d'argent immédiatement mobilisables. Elle comprend les pièces et billets, les comptes courants, les dépôts à court terme, les découverts bancaires, les emprunts à court terme, les devises étrangères.*

***La liquidité n'inclut pas** les dépôts et les emprunts à long terme, les dettes fournisseurs (excepté les intérêts), les créances de vos clients, le stock.*

Le plan de trésorerie

Le plan de trésorerie prend la forme d'un tableau indiquant les décaissements et les encaissements prévus au cours de la première année, ventilés mois par mois. Chaque entrée ou sortie de fonds est consignée, en indiquant sa provenance ou sa destination. Le plan de trésorerie fait apparaître les recettes, les paiements et le solde de l'activité d'un mois sur l'autre, négatif ou positif. Les chiffres entre parenthèses correspondent à des valeurs négatives. Pour les deux premières années, vos prévisions de croissance doivent rester raisonnables. On calcule généralement le chiffre d'affaires de l'année à venir en ajoutant le pourcentage de croissance économique au chiffre d'affaire des douze derniers mois.

Les registres comptables

Sur le plan fiscal, tous les documents comptables d'une entreprise doivent être conservés au moins six ans à compter de la clôture de l'exercice. Les livres comptables doivent être tenus régulièrement et refléter tous vos mouvements de caisse, au risque d'encourir une amende si vous êtes dans l'incapacité de produire la preuve de vos déclarations de TVA (si vous êtes assujetti à la TVA) ou d'impôts sur les sociétés ou le revenu. Les deux livres comptables que vous devez toujours conserver sont :

1. Un registre de recettes
2. Un livre de trésorerie

Conseils pour tenir sa comptabilité

Opérations à effectuer	Quand (fréquence minimale recommandée)
Reporter les ventes dans le registre des ventes	À une date fixe chaque mois
Y reporter les paiements	À une date fixe chaque mois
Reporter les achats dans le livre des achats	À une date fixe chaque mois
Y reporter les paiements	À une date fixe chaque mois
Faire correspondre les achats et les ventes	Chaque mois
Relancer tous les paiements en attente	À chaque dépassement de délai de paiement
Vérifier la cohérence entre votre livre comptable et votre compte en banque, et entre votre registre de recettes et votre livre de trésorerie	À réception d'un relevé bancaire

Source : *Business Link* (www.businesslink.org.uk)

Aujourd'hui, la plupart des entreprises tiennent une comptabilité informatique, mais on peut aussi bien la tenir manuellement. L'important est que votre comptabilité soit exacte et à jour. Si c'est un domaine que vous ne maîtrisez pas bien, plusieurs choix s'offrent à vous :

1 Il existe des logiciels de gestion de comptabilité. Il arrive que les banques offrent à leurs clients ce type de logiciel lors de l'ouverture de leur compte. N'investissez pas dans un produit dont vous ne maîtrisez pas le fonctionnement. Les deux logiciels les plus utilisés sont SAGE et Microsoft Office Accounting Professional. Le site de l'APCE propose également une liste commentée de logiciels de comptabilité.

2 Votre expert-comptable pourra tenir vos comptes. Si vous reportez régulièrement vos opérations comptables, vous gagnerez du temps et économiserez de l'argent. Votre comptable dispose de logiciels pour établir les bilans et les déclarations. Inutile de vous procurer un logiciel si vous ne vous en servez pas.

3 Vous pouvez faire appel à un simple comptable pour l'enregistrement des écritures. Si vous avez bien classé toutes vos factures, quelques heures suffiront pour mettre à jour vos livres. Vous trouverez des comptables sur Internet, dans l'annuaire et dans les petites annonces. Le tarif moyen est de 10-15 € de l'heure. Demandez à d'autres sociétés de vous recommander quelqu'un.

4 Il existe des organismes subventionnés qui offrent un service d'aide à la gestion des jeunes créateurs d'entreprise. Ces services mettent en place des outils de gestion et vous expliquent ce que vous devez faire figurer dans vos livres et à quelle fréquence. Renseignez-vous auprès de l'APCE.

TVA (Taxe à la valeur ajoutée)

C'est un type d'impôt sur la vente des biens et des services prélevé dans tous les pays de l'Union européenne (même si elle porte parfois des noms différents dans certains États membres). Le taux de la taxe varie d'un État européen à l'autre. En France, le taux normal appliqué est de 19,6 %. Si vous êtes en régime micro-entreprise, vous pouvez être exonéré de TVA tant que votre chiffre d'affaires ne dépasse pas un certain plafond déterminé par la Chambre de commerce (voir www.apce.com/pid846/regime-micro-entreprise.html).
Si vous êtes en SARL ou en régime réel, vous êtes assujetti à la TVA et devez la faire appliquer sur vos ventes. La déclaration de TVA s'effectue sur une base mensuelle, trimestrielle ou annuelle. En début d'activité, il arrive que l'entreprise ait un crédit de TVA : les premiers mois d'activité sont souvent des mois d'investissement, de lancement, avec des dépenses plus importantes qu'en régime de croisière.
La TVA récupérable est donc supérieure à la TVA collectée. Pour que les entreprises récupèrent la TVA, plusieurs solutions sont possibles :
- le remboursement peut être annuel s'il est au moins égal à 150 € ;
- il peut être trimestriel s'il est au moins égal à 760 € et si le crédit d'impôt est apparu chaque mois au cours du trimestre civil concerné ;
- la demande de remboursement doit être présentée sur un imprimé n° 3519 à retirer auprès du service des Impôts.

Conseils pour mieux gérer sa trésorerie

Pour les petites entreprises, la gestion de la trésorerie est un exercice délicat auquel le secteur de la mode est loin d'échapper (surtout si vous travaillez en fonction du calendrier des deux saisons de vente par an). Les conseils qui suivent devraient vous rendre la vie plus facile.

Demandez à vos clients de vous régler plus tôt

La plupart des boutiques, des magasins indépendants et des grands magasins demandent des délais de paiement. La plupart du temps, ils vous régleront après réception des marchandises. Attendez-vous donc, par conséquent, à ne connaître que deux périodes par an de rentrées d'argent dans l'entreprise. Pour éviter que cela se généralise, exigez qu'on vous verse un acompte à confirmation de la commande. Ces fonds servent généralement à couvrir les frais de production et vous apportent une garantie au cas où la boutique qui vous a passé commande fait faillite ou annule sa commande à la mi-saison. On peut également demander le versement du solde quand les marchandises sont prêtes à être livrées. Cela signifie que le détaillant vous paye quand les marchandises sont arrivées dans votre atelier et sont prêtes à être expédiées. Les marchandises sont envoyées à réception du paiement. Même si le détaillant ne paye pas l'intégralité de la somme à régler, essayez au moins de négocier le versement de 50 % de la somme et d'accorder un délai de paiement pour le solde, qui est généralement de trente jours.

Faites appel à une société d'affacturage

Après avoir livré vos marchandises à votre distributeur, vous envoyez votre facture à une société d'affacturage, qui généralement vous avancera jusqu'à 80 ou 90 % de la somme à régler. Le solde de la facture, moins les frais de ce service, vous est versé quand le client paye la société d'affacturage.

Votre client reçoit un courrier de la société avec votre facture et des instructions de paiement. Le versement des fonds peut prendre moins de 24 heures.

Les frais du service d'affacturage varient entre 0,6 et 3 % du montant des créances. Le coût du service est basé sur votre chiffre d'affaires annuel, sur le nombre de factures émises et le nombre de clients. La commission prélevée est généralement du même ordre que les frais de découvert bancaires.

Les sociétés d'affacturage proposent plusieurs types de services, comme le recouvrement des créances sans recours (mais qui ne vous assure pas contre le risque d'impayé) et l'assurance-crédit qui vous protège en cas de retard de paiement. Le coût de l'assurance-crédit est un pourcentage calculé sur la base de votre chiffre d'affaires et s'élève environ à 0,3-0,7 %, en fonction du profil de vos clients et du montant que vous facturez. Aujourd'hui, la plupart des sociétés d'affacturage vous offrent un service qui vous permet de suivre votre compte sur Internet.

Vous trouverez une liste de prestataires sur le site des sociétés d'affacturage françaises (www.factorland.fr).

Demandez à vos fournisseurs de prolonger votre période de crédit
La plupart des entreprises ont tout intérêt à entretenir des relations à long terme avec leurs clients, ce qui signifie que vous avez une marge de manœuvre pour demander à vos fournisseurs de rallonger votre période de crédit en ouvrant un compte chez eux. Ce délai de paiement, habituellement de trente jours, vous permettra d'améliorer votre trésorerie.

Bathing Ape développe et entretient son image de marque pour gagner la confiance de ses clients. De la même façon, efforcez-vous de garder de bonnes relations avec vos fournisseurs pour obtenir des conditions de paiement avantageuses.

Négociez une livraison échelonnée

Avec certains fournisseurs, il peut être intéressant de négocier une livraison échelonnée des marchandises. Par exemple, certaines boutiques demandent à être livrées des modèles de la collection printemps / été à la mi-janvier, alors que d'autres préfèreront être livrés à la fin du mois de février. En négociant une livraison en deux temps avec votre fabricant, vous pourrez recevoir et payer les marchandises qui doivent être envoyées en janvier, et recevoir et payer le reste de la commande trente jours plus tard.

Augmentez vos emprunts ou injectez des fonds dans votre entreprise

Vous recourrez à cette option seulement si vous devez faire face à une baisse d'activité provisoire ou si vous comptez développer votre entreprise suivant les prévisions de votre plan d'affaires. Cette option doit rester exceptionnelle.

Conseils pour améliorer sa trésorerie

- *Émettez vos factures rapidement et relancez régulièrement les paiements en attente.*
- *Envisagez des pénalités en cas de retard de paiement.*
- *Envisagez des escomptes de règlement pour les paiements au comptant.*
- *Utilisez votre carte de crédit société. Optez pour un débit différé : vous pourrez disposer d'une période allant jusqu'à vingt-six jours après la réception de votre relevé pour effectuer votre paiement.*
- *Renseignez-vous sur vos distributeurs pour savoir s'ils sont bons ou mauvais payeurs et déterminez vos conditions de paiement en conséquence.*
- *Faites vos livraisons à la date convenue, après avoir contrôlé les marchandises pour vérifier leur conformité. Vous éviterez des retards de paiements.*
- *Apprenez à bien cibler vos nouveaux clients pour optimiser vos revenus et minimiser vos frais.*
- *Vérifiez que vos fournisseurs ne vous surfacturent pas, que leur marchandise est de bonne qualité, et qu'ils la livrent dans les délais convenus.*

La gestion de la trésorerie d'une petite entreprise exige autant de créativité que le marketing et la création en tant que tels. Vous devez contrôler les mouvements financiers de la même manière que vous devez vous tenir au courant des nouvelles tendances. Cherchez des stratégies efficaces pour économiser de l'argent et négociez dès que c'est possible.

Tableau de répartition du coût des marchandises

Saison :	Modèle numéro :
	Nom du modèle :

Tissus	Descriptif	Prix au mètre	Métrage	Prix
Tissu 1				
Tissu 2				
Tissu 3				
Doublure				
Entoilage				
Autres				
Surplus				
			Sous-total	

Fournitures	Descriptif	Prix à l'unité	Nombre de pièces	Prix
Boutons				
Fermetures Éclair				
Fils				
Étiquettes				
Garnitures 1				
Garnitures 2				
			Sous-total	

Main d'œuvre		Prix
Machiniste		
Découpe patron		
Gradation		
Assemblage		
	Sous-total	

Expédition		Prix
Sacs / boîtes		
Cintres		
Étiquettes papier		
Autres		
	Sous-total	

Prix total des marchandises	
Marge professionnels	
Prix professionnels	
Marge détaillants	
Prix de vente conseillé	

Étude de cas : Caroline Charles

Caroline Charles est l'un des grands noms de la mode anglaise de prêt-à-porter féminin depuis qu'elle a lancé sa marque dans les années 1960. En quarante années d'existence, elle a implanté sa marque dans le monde entier en proposant des créations modernes, faciles à porter, utiles, durables et intemporelles, à une clientèle internationale composée de femmes actives qui voyagent beaucoup. Au cours de sa prestigieuse carrière (ses modèles ont été portés par des rock stars, des acteurs et des membres de la famille royale anglaise), Caroline est restée une actrice de premier plan dans l'industrie de la mode anglaise.

Perfectionniste, la créatrice surveille toute la chaîne logistique dans ses moindres détails, de la confection à la commercialisation, en passant par la présentation des collections. Reconnaissant être « suractive », elle aime être partout à la fois, et ajoute qu'elle est soutenue par la « meilleure équipe de Londres ».

Caroline crée trois collections à chaque saison, qui témoignent chacune de sa passion pour les textiles, la coupe et les finitions. Sa ligne Caroline Charles London est consacrée aux cérémonies, aux grandes occasions et à la scène. La ligne Caroline Collection propose des jeans, du daim, de la broderie, des tee-shirts, de la maille, des jupes et des chemises. Enfin, la ligne Caroline Charles Studio offre une collection en édition limitée de robes de soirée confectionnées dans des étoffes luxueuses, et qui comportent souvent des broderies main.

Chaque ligne propose à la cliente de Caroline Charles quelque chose de différent. La créatrice tient beaucoup à son image de marque et met l'accent sur le caractère exclusif des tissus, des broderies, des perles et des innovations.

Même si ses collections sont représentées dans les boutiques prestigieuses et les grands magasins du monde entier, Caroline met un point d'honneur à vendre elle-même ses modèles au détail : « Quand on dispose de ses propres points de vente, on peut présenter ses vêtements dans des conditions optimales. Quand on vend aux professionnels, il y a une part qu'on ne maîtrise pas. » Caroline a ouvert sa première boutique dans les années 1970 dans le centre-ville de Londres. « Quand vous sentez que votre clientèle est prête à vous suivre, c'est le bon moment de commencer à vendre vos produits au détail », explique-t-elle. Pour présenter un produit qui marche, il faut « offrir un concept qui soit à la hauteur des attentes du client et l'attirer par des petits plus. Pensez par exemple à regrouper vos modèles par couleur. »

Caroline a ouvert des boutiques dans plusieurs villes, et a toujours fait en sorte de « choisir un magasin dans un quartier commerçant et passant, si le budget le permet ». Elle ajoute qu'il est important « d'être à proximité de commerces qui offrent des produits de la même gamme de prix ». Après avoir négocié plusieurs baux commerciaux pour ouvrir ses boutiques, elle pense que le mieux est de prendre un bail de dix-huit ans avec un droit au renouvellement tous les ans ou tous les trois ans. « Le droit au renouvellement vous permet de partir et d'aller vous installer ailleurs si l'emplacement ne vous convient pas. » Il peut également être intéressant « de négocier un loyer variable assorti d'une clause recettes. On décide par exemple de donner au propriétaire 10 % du chiffre d'affaires annuel pendant deux ans, et ensuite on fixe le montant du loyer en fonction de ces chiffres. »

« Recrutez des personnes qui aiment vendre, qui sont aimables et attentionnées. Les vendeurs-nés aiment décorer la boutique, changer le produit de place chaque semaine, et aussi s'occuper des vitrines. » Selon elle, il est très important que les relations clientèle soient clairement énoncées. Les vendeuses ont un uniforme, et la créatrice pense que ces tenues jouent un rôle important dans l'image de la marque.

Pour Caroline, il est essentiel de fixer « des objectifs de vente annuels et d'augmenter chaque année le pourcentage de son chiffre d'affaires ».

Derniers éléments à ajouter à ce qui fait le succès de Caroline Charles en boutique : un bon directeur marketing et un bon carnet d'adresses. Leur fonction est de « rappeler aux gens que la boutique est ouverte » !

Caroline Charles est une créatrice anglaise de premier plan. Sa marque, qui existe depuis quarante ans, met l'accent sur la vente directe dans ses propres boutiques.

Sites Internet utiles

www.modeaparis.com
Fédération française de la couture, du prêt-à-porter, des couturiers et des créateurs de mode

www.defi-lamodedefrance.fr
Comité de développement et de promotion de l'habillement

www.andam.fr
Association nationale pour le développement des arts de la mode

www.facon-france-habillement.com
Plateforme des façonniers français de l'habillement

www.parisfashionweek.com
Paris Fashion Week

www.modemonline.com
Modem

www.ifth.org
Institut français du textile et de l'habillement

www.pretaporter.com
Fédération française du prêt-à-porter féminin

www.lamodefrancaise.org
Union française des industries de l'habillement

www.federation-photo.fr
Fédération photographique de France

www.apce.com
Agence pour la création d'entreprise

www.toutaide.com
Portail des aides publiques aux entreprises

www.entreprises.ccip.fr/web/formalites
Centre de formalités des entreprises

Bibliographie

Ambrose, Gavin et Harris, Paul, *Dictionnaire visuel de la mode,* Pyramyd, 2008.

Collectif, *Dictionnaire international de la mode,* Éditions du Regard, 2004.

Cuvillier, Dominique, *Comprendre les tendances – Ceux qui les font et les défont,* Le Chêne, 2008.

Davies, Hywel, *100 nouveaux créateurs de mode,* Pyramyd, 2008.

Golbin, Pamela, *Créateurs de mode,* Le Chêne, 1999.

Jenkyn Jones, Sue, *Le stylisme,* Pyramyd, 2011.

Morris, Bethan, *L'illustration de mode,* Pyramyd, 2006.

Peacock, John, *La mode de 1900 à nos jours,* Thames and Hudson, 2008.

Russel, Alex, *Les fondamentaux du design textile,* Pyramyd, 2012.

Sackrider, Françoise, Guidé, Gwenola et Hervé, Dominique, *Lèche-vitrines - Distribution et merchandising visuel dans la mode,* Éditions du Regard, 2e édition, 2008.

Seivewright, Simon, *Recherche et création,* Pyramyd, 2008.

Sorger, Richard et Udale, Jenny, *Les fondamentaux du stylisme,* Pyramyd, 2008.

Szkutnicka, Basia, *Le dessin technique de mode, manuel pratique,* Pyramyd, 2010.

Udale, Jenny, *Textile & mode,* Pyramyd, 2009.